CONTRA CULTURAL

Libros de Nancy DeMoss Wolgemuth publicados por Portavoz

Adornadas: Viviendo juntas la belleza del evangelio

La apariencia

Atrévete a ser una mujer verdadera (editora general)

Biblia devocional Mujer Verdadera (editora general)

El cielo gobierna

Confía en Dios para escribir tu historia (coautora)

Contracultural: El llamado de la mujer verdadera

En busca de Dios

En la quietud de su presencia

Escoge agradecer

Escoge perdonar

La gratitud y el perdón

Incomparable: 50 días con Jesús

La libertad del perdón

El lugar apacible

Mentiras que las jóvenes creen (coautora)

Mentiras que las jóvenes creen, Guía de estudio (coautora)

Mentiras que las mujeres creen

Mentiras que las mujeres creen, Guía de estudio

Mujer Verdadera 101: Diseño Divino (coescrito con Mary A. Kassian)

Mujer Verdadera 201: Diseño Interior (coescrito con Mary A. Kassian)

Quebrantamiento: El corazón avivado por Dios

Rendición: El corazón en paz con Dios

Santidad: El corazón purificado por Dios

CONTRA CULTURAL

El llamado de la *Mujer Verdadera*

NANCY DEMOSS WOLGEMUTH

Con la participación de

Mary Kassian - John Piper
Joni Eareckson Tada - Janet Parshall

EDITORIAL PORTAVOZ

La misión de *Editorial Portavoz* consiste en proporcionar productos de calidad —con integridad y excelencia—, desde una perspectiva bíblica y confiable, que animen a las personas a conocer y servir a Jesucristo.

Traducción: Nohra Bernal

EDITORIAL PORTAVOZ
2450 Oak Industrial Drive NE
Grand Rapids, Michigan 49505 USA
Visítenos en: www.portavoz.com

ISBN 978-0-8254-5927-6 (rústica)
ISBN 978-0-8254-6835-3 (Kindle)
ISBN 978-0-8254-7660-0 (epub)

2 3 4 5 edición / año 30 29 28 27 26 25

Impreso en los Estados Unidos de América
Printed in the United States of America

Ha llegado la hora…

Creo que hoy, más que nunca, es el momento para que las "mujeres verdaderas"…

- *descubran y abracen el diseño y la misión que Dios creó para sus vidas;*
- *reflexionen acerca de la belleza y el corazón de Cristo para nuestro mundo;*
- *se propongan pasar el bastón de la verdad a la siguiente generación;*
- *oren con fervor por un derramamiento del Espíritu de Dios en nuestras familias e iglesias, en nuestra nación y en el mundo.*

—Nancy DeMoss Wolgemuth

Ha llegado la hora de un nuevo movimiento, un terremoto contracultural, santo y radical, por parte de mujeres cristianas que tomen la Palabra de Dios en serio, que tengan el valor para resistir la ola popular, para elegir creer y deleitarse en el plan de Dios para el hombre y para la mujer.

—Mary Kassian

Es hora de que las mujeres de fe bíblica reclamemos el territorio que nos pertenece. Conocemos al Diseñador. Tenemos en nuestras manos su manual de instrucciones. Si no exhibimos el diseño divino de su creación femenina, nadie lo hará. Pero si lo hacemos, será un testimonio penetrante para un mundo necesitado que está atento y observa.[1]

—Susan Hunt

¿Y quién sabe si para esta hora has llegado al reino?

—Ester 4:14

1. Susan Hunt, *By Design: God's Distinctive Calling for Women* (Wheaton, IL: Crossway, 1994), 17.

Contenido

Colaboradores

El pastor John Piper ha estado casado con Noël por más de cincuenta años. Tienen cinco hijos y doce nietos. El doctor Piper es autor de más de cincuenta libros y durante treinta y tres años fue pastor de predicación y visión en Bethlehem Baptist Church en Minneapolis, Minnesota (www.desiringgod.org).

Nancy DeMoss Wolgemuth es consejera y "madre espiritual" de cientos de miles de mujeres que han leído sus exitosos libros, incluyendo la *Biblia devocional Mujer Verdadera*, y que escuchan sus dos programas radiales que se emiten a diario, *Aviva nuestros corazones* y *En busca de Dios* (www.avivanuestroscorazones.com).

Mary Kassian y su esposo Brent viven en Canadá y celebran más de treinta años de matrimonio. Tienen tres hijos adultos y una nuera. Mary es una profesora distinguida en el Southern Baptist Theological Seminary en Louisville, Kentucky, y es autora de varios libros que incluyen *Mujer Verdadera 101, Mujer Verdadera 201* y *Chicas sabias en un mundo salvaje* (www.girlsdonewise.com).

Janet Parshall y su esposo Chris, que es abogado, han estado casados por más de cuarenta años. Tienen tres hijos adultos y seis nietos. Sus años como ama de casa la prepararon para el papel que ejerce actualmente como reconocida presentadora de un programa radial cristiano de difusión nacional, *In the Market with Janet Parshall*, el cual se transmite en la red radiofónica de Moody Radio en más de 700 emisoras.

Karen Loritts disfruta de sus cuatro hijos adultos y sus ocho nietos. Es oradora, maestra y escritora, y ha servido en el ministerio desde 1972 con su esposo, Crawford, quien ejerce actualmente como pastor principal de la iglesia Fellowship Bible en Roswell, Georgia.

Joni Eareckson Tada es fundadora y directora de *Joni and Friends* [*Joni y Amigos*], una organización dedicada a la promoción del ministerio cristiano en la comunidad con discapacidades. Ken Tada, el mejor amigo y esposo de Joni durante más de treinta años, sirve a su lado como director de desarrollo del ministerio (www.joniandfriends.org).

Fern Nichols y su esposo Rle han estado casados por más de cincuenta años. Sus cuatro hijos fueron la inspiración para que ella fundara *Moms In Touch International* (ahora, *Moms In Prayer International*), un ministerio que ha movilizado a decenas de miles de madres en más de 150 países a orar por sus hijos y por las escuelas (www.momsinprayer.org).

Introducción

Uno de los grandes desafíos de nuestros días es el gran número de voces que compiten por nuestra atención.

Es imposible escapar del rugido ensordecedor de nuestra cultura y de sus emisarios. Hay voces que nos hablan de manera constante y persistente, desde la pantalla grande, nuestros televisores de pantalla plana, nuestras computadoras y nuestros teléfonos móviles. A esto se suma el sonido envolvente de amigos, familiares y conocidos, junto con las voces agobiantes de nuestro pasado, nuestros fracasos y temores, y la incesante algarabía de nuestros propios pensamientos.

Mucho depende de las voces que oímos y atendemos: nuestro sentido de identidad, nuestra razón de ser, la forma como nos relacionamos con otros, las elecciones que hacemos, la forma como pasamos el tiempo y los años, nuestro bienestar personal, emocional y espiritual, y sí, el destino de nuestra vida.

El problema de las voces en conflicto ha existido desde los tiempos del huerto de Edén. La voz de Dios: "*Pueden comer de cualquier árbol menos uno; si comen de ese árbol, morirán*". La voz de la serpiente: "*No morirán. De hecho, ¡se volverán como Dios!*". ¿A quién escuchar?

Eva se desvió por obedecer a la voz equivocada. Acto seguido, se convirtió en la voz que hizo eco del engaño de la serpiente cuando inclinó el corazón de su marido para que escogiera rechazar la voz de Dios.

Dios le dijo a Adán:

> *Por cuanto obedeciste a la voz de tu mujer, y comiste del árbol de que te mandé diciendo: No comerás de él; maldita será la tierra por tu causa; con dolor comerás de ella todos los días de tu vida* (Génesis 3:17).

No creo que sea una exageración afirmar que gran parte, si no todo el dolor, la disfuncionalidad y aflicción que experimentamos en este mundo fracturado viene como resultado de escuchar las voces que se oponen a la voz de Dios en lugar de afirmarla.

Desde los años cincuenta, un poderoso coro de voces ha lanzado al unísono su llamado a las mujeres, instándonos a participar del fruto de la independencia, la autoconfianza y la autodeterminación. En su coro proclaman diciendo: "Hazlo a tu manera"; "Te mereces un descanso hoy"; "Eres lo más importante".

Una sofisticada publicidad y presentación han hecho ver el fruto prohibido en el huerto como "bueno para comer... agradable a los ojos... codiciable para alcanzar la sabiduría" (Génesis 3:6).

Estas voces son "alborotadoras" y "provocativas". La mujer insensata y sus camaradas llaman "a los que pasan por el camino, que van por sus caminos derechos", a "cualquier simple" (Proverbios 9:13-18).

Estas voces se oyen por doquier en nuestra cultura: en los éxitos de librería, en las revistas populares, en las películas premiadas, en las canciones del top 10, en la televisión diurna, en los horarios de mayor audiencia y hasta tarde en la noche. A medida que múltiples generaciones de mujeres responden en masa al canto de sirena, nuestro mundo experimenta un cambio abismal, una revolución de proporciones copernicanas.

Hay muchas que no tardan en señalar los avances que gozan hoy las mujeres como el resultado de esta revolución. Sin embargo, no son tan prontas para reconocer las enormes pérdidas y el sufrimiento que, a mi parecer, le hacen contrapeso al progreso.

En el ministerio a las mujeres a lo largo de más de cuarenta años, he sido testigo de primera mano de los efectos colaterales que vienen como resultado de oír las voces equivocadas. Los he visto en los miles de correos electrónicos y cartas que nuestro ministerio ha recibido de las mujeres cuyos corazones y esperanzas han quedado hechos polvo. Los he visto en los ojos de mujeres que experimentan la confusión y el daño que se producen cuando la estridencia de las voces de este mundo ahoga la Voz que más necesitan oír.

La voz del Señor es poderosa,
La voz del Señor es majestuosa (Salmo 29:4, NBLA).

Él es la voz de la sabiduría, llena de gracia y de verdad.

Cuando la voz de la sabiduría resonó desde la cima de la montaña, *"vino una nube que les hizo sombra, y desde la nube una voz que decía: Este es mi Hijo amado; a él oíd"* (Marcos 9:7).

Hace unos años, el Señor empezó a poner en mi corazón una carga por un nuevo movimiento femenino, una revolución contracultural por medio del cual las mujeres rechazaran las voces seductoras de este mundo e inclinaran sus corazones a oír a Cristo y a seguir su voz.

Esa carga dio origen a *Revive Our Hearts* [*Aviva Nuestros Corazones*]. Hemos buscado proclamar la Palabra de Dios con fidelidad a las mujeres y guiarlas a Cristo, a fin de que puedan oír su voz que penetra las nubes y la confusión de las voces del mundo.

En octubre de 2008, más de seis mil mujeres de cuarenta y ocho estados y de siete países se reunieron en Chicago para la primera conferencia de Mujer Verdadera, organizada por *Revive Our Hearts*, junto con nuestros aliados ministeriales del Moody Bible Institute, FamilyLife, Moms in Touch y Life Action Ministries. Estas mujeres se reunieron para oír la Palabra de Dios y para afirmar la misión y el propósito del Señor para sus vidas.

Me acompañaron en el estrado personas que comparten mi preocupación por las mujeres y que están comprometidas con proclamar la Palabra de Dios en lugar de su propia opinión. Se dio inicio con el pastor John Piper en la sesión de apertura, seguido de otros oradores que unieron sus voces para hacer un llamado a las mujeres a ser "verdaderas mujeres" de Dios, a anclar sus vidas en su Palabra, y a demostrar con sus vidas lo que significa ser mujeres redimidas y abrazar su llamado divino.

Miles de mujeres que oyeron el mensaje ese fin de semana en el centro de convenciones de Schaumburg y por medio de la transmisión en vivo han hecho un compromiso serio, han unido sus voces al coro y siguen corriendo la voz en sus iglesias y comunidades por todos los Estados Unidos y alrededor del mundo.

Este libro es una recopilación adaptada de los mensajes que fueron presentados en las sesiones plenarias de True Woman 2008 [Mujer Verdadera 2008]. No pretende ser un tratado completo de la feminidad bíblica. Sin embargo, estos mensajes representan la esencia y las voces del movimiento de Mujer Verdadera, un movimiento que está basado en y sometido a la autoridad de la Palabra de Dios. Es un movimiento de mujeres que buscan experimentar plenitud, no en el logro personal, sino en la persona del Señor Jesucristo. Mujeres que viven por algo y Alguien más grande que ellas mismas. Son mujeres que reconocen lo lejos que nos hemos apartado de los propósitos e ideales de Dios y están buscando responder a su llamado a la feminidad bíblica. Son mujeres que creen que la verdadera libertad se encuentra en la expresión genuina y gozosa de aquello para lo cual nos creó Dios.

Sin importar cuál sea tu posición frente a la corriente de este movimiento, ya sea que estés profundamente inmersa en él o apenas tanteando las aguas, o incluso si eres escéptica o detractora, mi oración es que cuando leas estas páginas tu corazón se conecte para oír su voz, se profundice tu amor por Cristo y aumente tu confianza en su Palabra.

Permíteme agregar un último comentario: es extremadamente difícil, si no imposible, vivir nuestro llamado como mujeres de Dios en nuestras propias fuerzas. He recibido gran ayuda y aliento en mi caminar gracias a la compañía de otras mujeres (entre ellas, las que han colaborado en este libro), las cuales comparten mi deseo de ser "mujeres verdaderas" y de presentar con convicción el evangelio al mundo. A fin de ayudarte a cultivar esa clase de relaciones, he incluido una guía de estudio al final del libro (la sección titulada "Profundiza"), la cual ha sido diseñada para facilitar el debate de cada capítulo. Así que, en lugar de leer este libro sola, te animo a que invites a otra amiga, o a varias, para hacerlo juntas. Y asegúrate de consultar www.TrueWoman.com (en inglés) y www.avivanuestroscorazones.com, donde encontrarás ideas prácticas acerca de cómo ser parte de este movimiento contracultural, cómo ser una mujer que refleje la belleza y la maravilla de Cristo a nuestra generación y a la siguiente.

Mi esperanza y la de las otras voces representadas en este libro es que te unas a miles de mujeres que dicen: "*Sí, Señor,* yo quiero ser una mujer verdadera para ti", y que sumes tu voz al movimiento de Mujer Verdadera para proclamar su Palabra y su gracia en tu esfera de influencia, "para esta hora".

—Nancy DeMoss Wolgemuth

Parte Uno

Fundamentos de la verdadera feminidad

*Si queremos aprender lo que significa ser mujer, debemos empezar por Aquel que la creó.**

—ELISABETH ELLIOT

* De la página anterior; Elisabeth Elliot, *Let Me Be a Woman* (Wheaton, IL: Living Books/Tyndale, 1985), epígrafe.

CAPÍTULO 1

El significado supremo de la verdadera feminidad

John Piper

Mi objetivo con este mensaje es esclarecer, a partir de la Palabra de Dios, el significado supremo de la verdadera feminidad y motivarte, por la gracia de Dios, a aceptarla como tu llamado más elevado. Lo que voy a decir es esencial en el "Manifiesto de la Mujer Verdadera", que considero un documento fiel, claro, verdadero y sabio.

Me gustaría empezar declarando una suposición que traigo a colación en este capítulo. Lo menciono, en parte, porque puede ayudarte a captar emocionalmente aquello en lo que espero que te conviertas. Y lo menciono, en parte, porque da razón de por qué ministro como lo hago y por qué este mensaje suena como suena.

Mi suposición es que *una teología débil produce mujeres débiles.* Y a mí no me gustan las mujeres débiles. Yo no me casé con una mujer débil. Y, junto con Noël, procuramos criar a Talitha, nuestra hija adolescente, para que no se convierta en una mujer débil.

Marie Durand

Lo contrario de una mujer débil no es una amazona arrogante, atrevida, bulliciosa, controladora, insolente y engreída. Lo contrario de una mujer débil es la joven de catorce años Marie Durand, una cristiana francesa del siglo XVII que fue arrestada por ser protestante y a quien se le dijo que podía ser liberada si decía la palabra: "Renuncio". En lugar de hacer eso, ella escribió la palabra "Resistir" en el muro de su celda, donde permaneció treinta y ocho años hasta que murió haciendo eso precisamente.[1]

Gladys y Esther Staines

Lo contrario de una mujer débil es Gladys Staines que, en 1999, después de servir con su esposo Graham en la India durante tres décadas, y de enterarse de que él y sus dos hijos, Phillip (de 10 años) y Timothy (de 6), habían sido quemados vivos a manos de los mismos hombres a quienes habían servido durante treinta y cuatro años, dijo: "Solo tengo un mensaje para el pueblo de la India. No tengo amargura. Tampoco estoy enojada. Quememos el odio y propaguemos la llama del amor de Cristo".

Lo contrario de una mujer débil es su hija de trece años, Ester (¡un nombre que le encaja perfectamente!) que dijo: "Alabo al Señor por haber hallado a mi padre digno de morir por Él".[2]

Krista y Vicky

Lo contrario de una mujer débil son Krista y Vicky, amigas nuestras de Minneápolis, cuyas cirugías combinadas ascienden a más de sesenta y cinco por cuenta de defectos de nacimiento, el síndrome de Apert e hipertelorismo, y hoy testifican en medio de sus grandes desafíos: "Te alabo porque formidables y maravillosas son tus obras; estoy maravillado, y mi alma lo sabe muy bien". También declaran: "Aunque mi vida ha sido difícil, sé que Dios me ama y me creó tal cual soy. Él me ha enseñado a perseverar y a confiar en Él más que nada".

Joni Eareckson Tada

Lo contrario de una mujer débil es Joni Eareckson Tada, quien ha

1. Karl Olsson, *Passion* (Nueva York: Harper and Row Publishers, 1963), 116-117; también: "Marie Durand Released at Last", Glimpses of Christian History, http://www.chinstitute.org/DAILYF/2002/12/daily-12-26-2002.shtml.

2. Randy Alcorn, "The World Was Not Worthy of Them", http://www.epm.org/artman2/publish/persecuted_church/The_World_Was_Not_Worthy_of_Them_Martyrs_for_Christ.shtml.

pasado más de cuarenta años en una silla de ruedas y ora diciendo: "¡Gracias, gracias por esta silla de ruedas! Probar el infierno en esta vida me ha llevado a pensar seriamente en lo que me espera en la venidera. Esta parálisis es la mayor gracia que se me ha concedido".[3]

Suzie

Lo contrario de una mujer débil es Suzie, quien hace cuatro años perdió a su esposo a la edad de cincuenta y nueve, descubrió tres meses después que tenía cáncer de mama, al poco tiempo perdió a su madre, y escribe: "Ahora veo que he clamado por recibir la ayuda equivocada. Ahora me doy cuenta de que mi peor sufrimiento es mi pecado, mi pecado de egocentrismo y autocompasión… yo sé que con su gracia, su bondad y su auxilio misericordioso, mis pensamientos pueden ser transformados y mi vida ser conforme a la semejanza de su Hijo".

Una teología débil produce mujeres débiles

Una teología débil produce mujeres débiles. Esa es la suposición que traigo a colación en este capítulo. Una teología débil simplemente no le ofrece a la mujer un Dios suficientemente grande, fuerte, sabio y bueno para manejar las realidades de la vida de tal modo que magnifique el valor infinito de Jesucristo. Una teología débil se centra completamente en la mujer o en el hombre. Una teología débil carece del fundamento sólido de la soberanía de Dios y de la sólida estructura de acero de un propósito para todas las cosas cuyo centro es Dios.

> Una teología débil no le ofrece a la mujer un Dios suficientemente grande.

El propósito supremo para el universo

Vuelvo pues a mi punto principal, es decir, el significado supremo de la verdadera feminidad, y empiezo por declarar este propósito de todas las cosas cuyo centro es Dios:

3. Tim Stafford, "A Heaven-Made Activist", *Christianity Today*, enero 2004, 50.

> El propósito supremo para el universo, para toda la historia y para tu vida, es manifestar la gloria de Cristo en su máxima expresión, a saber, en su muerte que convierte a un pueblo rebelde en su novia infinitamente dichosa por toda la eternidad.

Dicho de otra manera, el propósito supremo de Dios al crear el mundo y al permitir que el mundo fuera azotado por el pecado es para que la grandeza de la gloria de Cristo pudiera hacerse manifiesta en el Calvario, donde Él compró a su novia rebelde a precio de su propia vida.

Baso esta declaración del propósito supremo de Dios en varios pasajes. Por ejemplo, Apocalipsis 13:8, donde Juan relata que Dios tiene nombres "escritos en el libro de la vida del Cordero… desde el principio del mundo". De manera que, en la mente de Dios, Cristo ya había sido inmolado antes de la creación del mundo. Este fue su plan desde el principio. ¿Por qué?

Porque al ser inmolado "para hacer de un miserable un tesoro", para convertir una persona rebelde en una novia, la gloria de su gracia brillaría en todo su esplendor, y ese fue su propósito supremo según Efesios 1:5-6: "en amor habiéndonos predestinado para ser adoptados hijos suyos por medio de Jesucristo… *para alabanza de la gloria de su gracia*".

La gloria de Cristo en la cruz

Desde el principio mismo, el designio de Dios, al crear el universo y al regirlo como lo rige, es hacer manifiesta la gloria de su gracia en la muerte de su Hijo por su novia. "Maridos, amad a vuestras mujeres, *así como Cristo amó a la iglesia, y se entregó a sí mismo por ella*, para santificarla… a fin de presentársela a sí mismo, una iglesia gloriosa, que no tuviese mancha ni arruga ni cosa semejante, sino que fuese santa y sin mancha" (Efesios 5:25-27). El propósito supremo de la creación y de la redención es exhibir la gloria de Cristo al comprar y purificar a su novia, la Iglesia.

La verdadera feminidad: En el centro del propósito de Dios

¿A qué nos lleva esto con respecto al significado supremo de la verdadera feminidad? No nos lleva a una teología débil ni a mujeres débiles. No es debilidad decir que Dios creó el universo y que rige todas las cosas para magnificar su propia gracia en la muerte de su Hijo para la salvación de su novia. Eso no es débil y no conduce a una feminidad débil. Sino que, más bien, conduce a una feminidad verdadera. De hecho, lleva a la clase de verdad asombrosa que afirma que la feminidad y la masculinidad, lo que significa ser mujer o ser hombre, ocupa un lugar central en el propósito supremo de Dios. La feminidad y la masculinidad no son una ocurrencia tardía ni una idea secundaria en el plan de Dios. Dios los diseñó precisamente con el fin de que sirvan para desplegar la gloria de su Hijo que muere para tener una novia dichosa y llena de admiración por Él.

Creados para desplegar la gloria de Jesús

Génesis 1:27 dice: "Y creó Dios al hombre a su imagen, a imagen de Dios los creó; varón y hembra los creó". A veces cometemos el error de pensar que Dios nos creó de este modo y que, más adelante, cuando Cristo vino a cumplir su obra de salvación, Dios echó un vistazo y dijo: "Bueno, esa es una analogía correcta, hombre y mujer. Voy a describir con eso la salvación de mi Hijo. Diré entonces que es como un esposo que muere para salvar a su novia".

> Él nos creó hombre y mujer precisamente para que pudiéramos desplegar la gloria de su Hijo.

No fue así como sucedió. Dios no echó un vistazo por ahí para *descubrir* casualmente que la masculinidad y la feminidad resultaban ser una comparación útil de la relación de su Hijo con su Iglesia. Él nos *creó* hombre y mujer precisamente para que pudiéramos desplegar la gloria de su Hijo. Nuestra sexualidad está diseñada para la gloria del Hijo de Dios, especialmente la gloria de su muerte para tener su novia que lo admira.

En Efesios 5:31, Pablo cita Génesis 2:24: "Por esto dejará el hombre a su padre y a su madre, y se unirá a su mujer, y los dos serán una sola carne". Y luego añade: "Grande es este misterio; mas yo digo esto respecto de Cristo y de la iglesia". En otras palabras, la masculinidad y la feminidad fueron diseñadas desde el principio para desplegar la gloria de Cristo en su relación con la Iglesia, su novia.

Un llamado único para desplegar la gloria de Cristo

En otras palabras, el significado supremo de la verdadera feminidad es este: es un llamado único de Dios para desplegar la gloria de su Hijo de maneras que no serían manifiestas si no existiera la feminidad. Si solo existieran personas genéricas y no hombre y mujer, la gloria de Cristo estaría limitada en el mundo. Cuando Dios describió la obra gloriosa de su Hijo como el sacrificio de un esposo por su esposa, Él nos explicó por qué nos hizo hombre y mujer. Nos hizo de ese modo para que nuestra masculinidad y nuestra feminidad desplieguen más plenamente la gloria de su Hijo en relación con su novia comprada por sangre.

Esto significa que, si una mujer intenta reducir la feminidad a características físicas y a funciones biológicas, y luego determina su papel en el mundo basándose únicamente en ciertas competencias, no solo pasa por alto el verdadero sentido de la feminidad, sino que opaca la gloria de Cristo en su propia vida. La verdadera feminidad es indispensable en el propósito de Dios de desplegar la plenitud de la gloria de su Hijo. Tu individualidad femenina no es fortuita. Existe en virtud de la relación que Dios le atribuyó con el suceso central de la historia: la muerte del Hijo de Dios.

Permíteme entonces comentar cómo funciona esto a nivel práctico si eres casada y si eres soltera.

Un comentario para las casadas

Me dirijo primero a las casadas. Pablo dice en Efesios 5:22-24: "Las casadas estén sujetas a sus propios maridos, como al Señor; porque el marido es cabeza de la mujer, así como Cristo es cabeza de la iglesia, la cual es su cuerpo, y él es su Salvador. Así que, como la iglesia está sujeta a Cristo, así también las casadas lo estén a sus maridos en todo".

La idea aquí es que el matrimonio está diseñado para desplegar el amor de pacto entre Cristo y su Iglesia. Y la manera como esto funciona es que en el matrimonio los hombres sean hombres y las mujeres sean mujeres. Estos roles no son más intercambiables de lo que son Cristo y la Iglesia. Los hombres siguen el patrón de Cristo como cabeza y las mujeres lo que está llamada a ser la Iglesia en su unión con Cristo. Pablo describe esto en términos de dirección y sumisión. He aquí mis definiciones de dirección y sumisión con base en este pasaje:

- *La dirección* es el llamado divino para el esposo de asumir la responsabilidad primordial de brindar liderazgo de servicio, protección y provisión en el hogar conforme a la semejanza de Cristo.
- *La sumisión* es el llamado divino para la esposa de honrar y afirmar el liderazgo de su esposo, y de ayudarle a cumplirlo conforme a los dones que ella posee.

No se trata de entrar en los detalles acerca de cómo esto se aplica en cada caso. La idea es que estas dos funciones, dirección y sumisión, son diferentes. Corresponden a la verdadera hombría y la verdadera feminidad, las cuales son diferentes. Y estas diferencias son absolutamente esenciales por designio divino, con el propósito de que el matrimonio refleje, como en un espejo tenuemente, parte de la gloria del amor de Cristo que se sacrifica por su novia, y la reverencia y admiración que prodiga la novia a su esposo.

Yo sé que esto deja cientos de preguntas sin respuesta acerca de esposos incrédulos, esposos creyentes que no asumen el liderazgo espiritual, esposas que resisten el liderazgo de sus esposos y aquellas que lo reciben pero no lo afirman. Pero si como mujer casada aceptas la verdad de que tu feminidad, la verdadera feminidad, fue creada de manera única e indispensable por Dios para desplegar la gloria de su Hijo en la manera como tú te relacionas con tu esposo, tendrás un llamado de importancia infinita.

Pero ¿qué de las mujeres que no están casadas?

Un comentario para las solteras

El apóstol Pablo expresó con claridad su amor por su soltería, dada la gran libertad que le ofrecía para llevar a cabo su ministerio (1 Corintios 7:32-38). Una de las razones por las cuales fue libre para celebrar su soltería y animar a otros a seguir su ejemplo es que, si bien el matrimonio está llamado a desplegar la gloria de Cristo, hay verdades acerca de Cristo y de su reino que brillan con mayor claridad a través de la soltería que a través del matrimonio. Te daré tres ejemplos:

1. *Una vida de soltería centrada en Cristo constituye un testimonio de que la familia de Dios no crece únicamente por medio de la reproducción sexual, sino mediante la regeneración por medio de la fe en Jesucristo.* Si nunca te casas, si vives una vida de castidad y sin hijos biológicos, si recibes esto de la mano del Señor como un regalo de contentamiento, si te congregas con los necesitados y solitarios, y si trabajas por el evangelio sin sentir lástima de ti misma porque Cristo ha suplido tu necesidad, entonces Él será glorificado poderosamente en tu vida y, de manera muy particular, porque eres mujer.

2. *Una vida de soltería centrada en Cristo constituye un testimonio de que las relaciones en Cristo son más permanentes y preciosas que las relaciones familiares.* La mujer soltera que deja de lamentarse por no tener una familia y se dedica a construir la familia de Dios en la iglesia verá florecer su feminidad como jamás lo había soñado, y Cristo será glorificado de manera única a través de ello.

3. *Una vida de soltería centrada en Cristo da testimonio de que el matrimonio es temporal y que, en definitiva, revela la relación a la cual apuntaba todo el tiempo: Cristo y la Iglesia.* Es como una fotografía que ya no hace falta cuando se tiene a la persona cara a cara. El matrimonio es algo hermoso, pero no es lo más importante. Si lo fuera, Jesús no habría dicho: "Porque en la resurrección ni se casarán ni se darán en casamiento, sino serán como los ángeles de Dios en el cielo" (Mateo 22:30). La mujer que vive su feminidad en soltería y que está contenta con su caminar con Cristo ofrece un testimonio grandioso de que Él es un mejor esposo que cualquier hombre y, en definitiva, el único esposo en el universo.

En otras palabras, la verdadera feminidad puede florecer tanto en el matrimonio como en la soltería.

La verdadera feminidad para la gloria de Cristo

Te encomiendo esta verdad: El propósito primordial de Dios en la historia es el despliegue de la gloria de su Hijo en su muerte por su novia. Dios ha creado al ser humano como masculino y femenino porque son aspectos de la gloria de Cristo que no podrían conocerse si no estuvieran reflejados en las diferencias complementarias de la masculinidad y la feminidad. Por consiguiente, la verdadera feminidad es un llamado particular de Dios para desplegar la gloria de su Hijo en formas que no serían manifiestas si no existiera la feminidad.

La feminidad de una mujer casada tiene maneras únicas de magnificar a Cristo en las que la feminidad de la mujer soltera no puede hacerlo. La feminidad de la mujer soltera tiene maneras únicas de magnificar a Cristo en las que la feminidad de una mujer casada no puede hacerlo.

Así pues, ya sea que te cases o permanezcas soltera, no te conformes con una teología débil. Es indigna de ti. Dios es demasiado grande. Cristo es demasiado glorioso. La verdadera feminidad es demasiado estratégica. No la desperdicies. Tu feminidad, tu verdadera feminidad, fue creada para la gloria de Jesucristo.

CAPÍTULO 2

De Él, por Él y para Él

Nancy DeMoss Wolgemuth

Hace poco acompañé en un viaje a Colorado a unos amigos aventureros en una jornada de excursión en jeep por las Montañas Rocosas. Fue una experiencia inolvidable. Recorriendo con cuidado una curva tras otra nos abrimos camino hacia las alturas (y luego en el descenso) a lo largo de estrechos y, casi siempre, peligrosos senderos montañosos. En algunas ocasiones nos acercábamos al borde del precipicio, donde veíamos la ladera de la montaña, y nos preguntábamos cuánto tendríamos que escalar para llegar hasta la cima. Salimos y escalamos por etapas, sintiendo nuestra respiración de aire puro cada vez más agitada, dando cada paso con cuidado extremo para no resbalar en los empinados senderos.

Cuando al fin llegamos a la cima a los casi 4.000 metros de altura, nuestro esfuerzo se vio recompensado cuando salimos del vehículo y contemplamos desde allí el paisaje deslumbrante que teníamos a nuestro alrededor. Quedamos boquiabiertos frente a la belleza, la magnificencia y la obra de Dios en toda su expresión.

Ese momento memorable viene a mi mente cuando leo un pasaje de las Escrituras en el cual me gustaría que meditáramos, un pasaje que considero la esencia del movimiento de Mujer Verdadera:

¡Oh profundidad de las riquezas de la sabiduría y de la ciencia de Dios! ¡Cuán insondables son sus juicios, e inescrutables sus caminos! Porque ¿quién entendió la mente del Señor? ¿O quién fue su consejero? ¿O quién le dio a él primero, para que le fuese recompensado? Porque de él, y por él, y para él, son todas las cosas. A él sea la gloria por los siglos. Amén (Romanos 11:33-36).

Cuando el apóstol Pablo escribió estas palabras a la iglesia en Roma, yo creo que vivía una experiencia similar a lo que sentimos en la cima de aquella montaña. Permíteme contextualizar esto un poco. En los primeros once capítulos de Romanos, Pablo establece las doctrinas básicas de nuestra fe: la pecaminosidad del hombre, la gracia sublime de Dios, la salvación que es posible para nosotros por medio de Jesucristo. Luego, en el resto del libro que incluye los capítulos 12 al 16, Pablo hace una aplicación práctica para todo lo que ha escrito antes. Si los primeros once capítulos son el "qué" del evangelio, la última parte de Romanos es el "*para* qué": ¿Cómo hemos de vivir a la luz de estas grandes verdades? Y la doxología de Romanos 11:33-36 sirve como puente entre los dos.

Justo antes de estas palabras, en los capítulos 9 al 11 (una sección de las Escrituras que indiscutiblemente es difícil de entender y que muchos tendemos a pasar por alto), Pablo explora los misterios de la gracia soberana de la elección de Dios, el plan de Dios para redimir tanto a judíos como a gentiles. Habla acerca del papel pasado, presente y futuro de Israel en la gran historia de la redención de Dios. Explica cómo, en la soberanía de Dios, el rechazo de Cristo por parte de los judíos es en realidad el medio por el cual los gentiles han llegado a aceptarlo como Salvador. Luego escribe acerca de cómo, en la gran misericordia de Dios, Él cumplirá también su plan para Israel a pesar de su rechazo.

Esto no es más que un pequeño resumen simplificado de doctrinas sublimes en un solo párrafo, pero incluso unas pocas frases nos permiten ver claramente que este plan divino no correspondería a nuestra propia versión de la historia. Dios ha dispuesto la historia de tal manera que aun la incredulidad y la rebelión humanas no pueden detener sus propósitos finales y eternos. Y estoy segura de que cuando Pablo, bajo la inspiración del Espíritu Santo, empezó a plasmar estas palabras y conceptos en forma escrita, quedó como nosotras, rascándose la cabeza y preguntándole al Señor: "¿Cómo se te ocurrió hacer esto?".

Así pues, en un periplo similar a nuestro paseo en jeep por las montañas de Colorado, Pablo escala en los primeros once capítulos de su epístola a los Romanos alturas cada vez más elevadas de los asombrosos misterios de Dios, abriéndose paso entre difíciles pasajes, uno tras otro. Al final del capítulo 11, por fin llega a la cima, desde donde puede divisar el camino recorrido. Hace una pausa para contemplar la imponente vista que tiene a su alrededor y debajo de él: la soberanía de Dios, su misericordia y gracia en su divina elección, su plan eterno por los siglos.

Y mientras Pablo se detiene a contemplar todo esto, de repente se queda sin palabras. Las palabras no logran explicar lo que ve, del mismo modo que no hay palabras que logren describir las glorias de Dios en el paisaje montañoso cubierto de nieve y bordeado de hileras de álamos en el oeste americano, a miles de metros de altura. Yo todavía puedo verlo, pero no puedo describirlo con exactitud. Y Pablo, que sentía todo esto y en una intensidad infinitamente mayor, estalla en un himno de alabanza, como resuenan los platillos al final de una obra maestra sinfónica.

> *¡Oh profundidad...! ¡Cuán insondables... inescrutables...! A él sea la gloria por los siglos.*

Aún más profundo

Este párrafo de Romanos puede parecer un lugar extraño para lanzar una discusión acerca de la verdadera feminidad. A simple vista parece no tener una conexión particular con el tema. Sin embargo, conforme he meditado en las palabras de Pablo, he recordado que son la base de lo que significa ser una verdadera mujer de Dios y de todo lo que mis hermanas van a tratar en los capítulos siguientes.

Este pasaje provee la estructura y el contexto para nuestra vida como mujeres. Nos provee un punto de referencia inamovible para nuestros corazones. Nos ancla a los propósitos supremos y eternos de Dios. Nos da una perspectiva, un marco de referencia, para responder a sus elecciones soberanas en nuestra vida, especialmente aquellas que no podemos entender o explicar.

Y todo empieza aquí: *"¡Oh profundidad...!"*.

La palabra griega que en nuestras Biblias se traduce "profundidad" es similar a la palabra "baño". Como cuando nos sumergimos en el agua caliente de una bañera hasta que nos cubre desde el cuello hasta los pies, la profundidad "de las riquezas de la sabiduría y de la ciencia de Dios" nos anegan. Se alzan sobre nosotros. Se arremolinan debajo de nosotros. Nos rodean por todos lados. Solo queremos sumergirnos en ellas.

Aunque nunca podamos llegar al fondo de los caminos insondables de Dios, sí sabemos lo que es llegar al fondo de nuestras propias fuerzas.

El 23 de enero de 1960, un teniente de la marina de los Estados Unidos y un científico suizo llevaron un sumergible conocido como un batiscafo al punto de mayor profundidad en la tierra, el foso de las Marianas, un abismo submarino en el Pacífico, cerca de la isla de Guam. La meta era alcanzar trece kilómetros bajo la superficie, una proeza humana sin precedentes. Les tomó casi cinco horas, pero al fin lograron alcanzar el fondo marino. Una vez ahí, es imposible ir más lejos.

En cambio, esto no es lo que sucede con las profundidades de Dios. Cinco horas, cinco años, cinco vidas enteras no alcanzarían para sondear la profundidad de sus riquezas de la sabiduría y de la ciencia. Por mucho que te esfuerces no puedes entenderlas. Él es inagotable, infinito, inconmensurable. *"¡Oh profundidad...!"*.

Sin embargo, aunque nunca podamos llegar al fondo de los caminos insondables de Dios, sí sabemos lo que es llegar al fondo de nuestras propias fuerzas. Tal vez lo hayas experimentado, tal vez lo experimentes *ahora mismo*, el abismo donde todas las capacidades humanas se agotan, donde toda esperanza se extingue, donde todo parece inútil e imposible de manejar. Allí es donde muchas mujeres se rinden y tiran la toalla, se escabullen en un pozo de amargura o vuelven toda su frustración contra las personas más cercanas, *con tal* de hacer frente a una vida que se hunde. Por su parte, la mujer verdadera sabe que más hondo que sus propias limitaciones y problemas está el lecho de roca de las riquezas, la sabiduría y el conocimiento de Dios. Sus propósitos invisibles, pero soberanos y eternos, están en la base sosteniéndolo todo.

Esto me recuerda el famoso relato de la vida de Corrie ten Boon cuando su hermana Betsie, consumida y agonizante en el campo de concentración nazi de Ravensbruck, le rogó: "Cuenta a otros lo que hemos aprendido aquí... que no hay foso tan profundo que sea más profundo que Dios".

Este se convirtió en el tema del ministerio de Corrie por el resto de su vida. Después de ser liberada milagrosamente de las horribles condiciones que habían cobrado la vida de su hermana, Corrie viajó por el mundo hasta sus ochenta y tantos años declarando la profundidad de las riquezas de la sabiduría, de la ciencia y del amor de Dios. Betsie le había dicho: "Van a oírnos, Corrie, porque estuvimos aquí".

Tus problemas pueden ser más hondos que nunca. Puede ser que tus dificultades y desafíos nunca antes hayan alcanzado tal profundidad como experimentas ahora. Pero, sin importar cuán hondo te hayan llevado, hay algo, Alguien, que llega aún más profundo. "El Dios eterno es tu refugio, por siempre te sostiene entre sus brazos" (Deuteronomio 33:27, NVI).

"¡Oh profundidad de las riquezas... de Dios!"

En las profundidades de la tierra hay grandes riquezas que todavía están por descubrirse. Algunos calculan que el equivalente a la suma de seis mil millones de dólares de tesoros sumergidos se encuentra oculta y esparcida en el oscuro fondo de los océanos.

La mina de oro de mayor profundidad en el mundo se encuentra cerca de Johannesburgo, Sudáfrica. Se extiende a lo largo de casi cuatro kilómetros y ha producido más de tres mil toneladas de oro puro desde que inició sus operaciones en la década de 1950. Considerada en algún momento como la octava maravilla del mundo, la mina Driefontein emplea cerca de 17.000 personas que pasan jornadas completas, cada día, extrayendo oro de la tierra. Y eso no es todo. Se estima que esta sola mina producirá al menos treinta toneladas anuales durante los próximos veinte años.[1]

1. http://www.miningreview.com/archive/mra_5_2005/pdf/48-49.pdf.

No obstante, las riquezas de Dios son aún más profundas.

Anteriormente, en el libro de Romanos, Pablo habla acerca de "las riquezas de su benignidad, paciencia y longanimidad" (Romanos 2:4), así como de "las riquezas de su gloria" (9:23). En Efesios declara que Dios es "rico en misericordia" (Efesios 2:4) y reitera "las riquezas de su gracia, que hizo sobreabundar para con nosotros en toda sabiduría e inteligencia" (1:7-8). Pero a diferencia de las riquezas del fondo marino, que puede que algún día se encuentre un medio para recuperarlas, y a diferencia de las riquezas de una mina de oro que a la larga agotará su contenido, el oro de la mina de Dios nunca se agota. Nunca. Es ilimitado. Es infinito.

Dios nunca va a experimentar un colapso económico ni la más mínima ola o pizca de incertidumbre.

Dios nunca va a experimentar un colapso económico ni la más mínima ola o pizca de incertidumbre. Cuando las Escrituras hablan acerca de nuestras faltas y carencias humanas, la promesa es que Dios "suplirá todo lo que os falta conforme a sus riquezas en gloria en Cristo Jesús" (Filipenses 4:19). Su provisión para tus necesidades, que está siempre disponible, no agota ni consume el presupuesto del Altísimo. Antes bien, Él continúa derramando de su mano sobre tu vida, de manera absolutamente libre e insondable, sus recursos que no tienen fin.

Sea cual sea tu necesidad, sea cual sea tu carencia, las riquezas de Dios son más que suficientes para suplirlas.

"¡Oh profundidad... de la sabiduría y de la ciencia de Dios!"

Dios sabe todo, ¡y todo *acerca* de todo! Todo acerca del mundo, todo acerca de la historia, todo acerca del futuro, todo acerca de las elecciones, todo acerca de nuestra economía y hacia dónde se dirige. Y no solo sabe todas las cosas desde una perspectiva completa y macro, sino que también conoce todo en miniatura, hasta el detalle más diminuto. Dios posee una sabiduría y un conocimiento completos; Él sabe todo acerca de tu vida.

- Él sabe todo acerca de tu pasado, tu presente y tu futuro.
- Él sabe las cosas que has hecho y las que te han hecho otros a ti.

- Él sabe cosas que nunca le has contado a nadie.
- Él sabe todo acerca de tu situación familiar.
- Él sabe todo acerca de tus necesidades financieras.
- Él sabe todo acerca de tus limitaciones físicas.
- Él sabe todo acerca de tus motivaciones.
- Él sabe todo acerca de tus pecados.
- Él sabe todo acerca de tus temores e inseguridades.

Él también sabe todo eso de mí. Él lo sabe todo. Él conoce todo.

La sabiduría y la ciencia de Dios son infinitamente más grandes que las nuestras. La mente humana nunca podría idear una solución para que los pecadores puedan ser perdonados y declarados justos delante de un Dios santo. Nadie posee tal sabiduría y ciencia. En cambio, la sabiduría de Dios ideó una manera ¡incluso antes de que el pecado entrara siquiera en el mundo!

Y sin importar cuán compleja, enredada o imposible pueda parecer tu situación o ser en realidad en este momento, la sabiduría de Dios es más que suficiente para ayudarte a atravesarla. "Porque lo insensato de Dios es más sabio que los hombres, y lo débil de Dios es más fuerte que los hombres" (1 Corintios 1:25).

"¡Oh profundidad de las riquezas de la sabiduría y de la ciencia de Dios!".

Más que conocimiento

¡Cuán insondables son sus juicios, e inescrutables sus caminos! Me gusta la paráfrasis que hace la Traducción en Lenguaje Actual: "Nadie es capaz de entender sus decisiones, ni de explicar sus hechos". O como dice la Nueva Versión Internacional, sus caminos son "impenetrables"; sus decretos y decisiones son "indescifrables". Están fuera de nuestra capacidad humana de comprensión.

"Inescrutable" no es una palabra que se use en una conversación cotidiana. Según Define.com significa: "que no se puede averiguar, entender mediante análisis o estudio; imposible o difícil de ser explicado o esclarecido satisfactoriamente; incomprensible; que es de difícil comprensión; misterioso".

En otras palabras, sin importar cuán brillante pueda ser una persona, sin importar cuánto se esfuerce ni por cuánto tiempo trabaje en ello, nunca podrá entender por completo por qué (o cómo) Dios hace lo que hace. Él es insondable, inefable, inescrutable. Es así como Pablo describe el juicio de Dios y sus caminos.

Intenta hacer una búsqueda en Google sobre "los juicios de Dios" y encontrarás 372.000 resultados. Busca "caminos de Dios" y descubrirás cuatro millones y medio más. Pero aun si pudieras dedicar el tiempo para investigar cada uno de esos sitios y todos los diversos caminos por donde pudieran llevarte, apenas habrías rozado la superficie de las profundidades de sus caminos. Simplemente no podemos conocer todo lo que Él hace ni por qué hace lo que hace. Esas respuestas están escondidas, encerradas en la mente de Dios, y no nos queda más opción que dejarlas allí. De hecho, en lugar de exigir respuestas a nuestras preguntas, deberíamos confiar en que Él conoce lo que nosotras necesitamos saber, y lo que no, y que en su bondad nos priva de aquello que sería demasiado portentoso o doloroso para que seamos capaces de asimilarlo en nuestras mentes mortales.

Hace unos años, escuché al pastor John Piper hacer una declaración que resonó profundamente en mi corazón. Desde entonces la he referido a muchas personas en varios contextos. Él dijo: *"En cada situación y circunstancia de tu vida, Dios está siempre llevando a cabo miles de cosas que tú no puedes ver y que no conoces"*. Aunque en ocasiones Dios nos revela claramente alguna parte de su voluntad, lo suficiente como para que podamos detectar algunas cosas que Él está haciendo y decir "¡Oh, eso tiene sentido!", gran parte de su obra se lleva a cabo tras bambalinas, oculta de nuestra vista en su divina providencia.

Hace poco repetí esta declaración del pastor Piper mientras hablaba con una madre cuya hija ha elegido una vida pródiga. Ella me miró con sus ojos llenos de lágrimas, a pesar de que su rostro daba señales visibles de alivio, y dijo: "Necesito tener esa frase en mi casa donde pueda verla siempre". Así es, y todos necesitamos llevarla en el corazón. Dios está obrando. Puede que no lo veas. Pero tú sabes que es verdad.

"¡Cuán insondables...!"

Nunca podrás indagar completamente lo que Dios está haciendo en tu vida. Es imposible que veas el final o el resultado... en cualquier caso, no todavía. No puedes entender los medios que Él ha trazado para llevar a cabo sus propósitos santos por medio de ti. Él no te debe una explicación. Él es Dios y está obrando.

"¡Cuán… inescrutables…!"

Su incapacidad para entender los caminos de Dios movió a Pablo de sus declaraciones exclamativas a las tres preguntas retóricas que aparecen en Romanos 11, versículos 34 y 35, cada una con la misma respuesta: "Porque ¿quién entendió la mente del Señor?". ¿Y cuál es la respuesta? *Nadie.* "¿O quién fue su consejero?". *Nadie.* "¿O quién le dio a él primero, para que le fuese recompensado?". *Nadie. Nadie.* Mil veces… *nadie.*

¿Cuántas veces has intentado decirle a Dios lo que debería hacer en una situación en particular? ¿Cuántas veces has cuestionado si Él sabe lo que está haciendo? ¿Cuántas veces has sentido que Él te debía algo por todo lo que has invertido en tratar de vivir para Él?

Job conocía esa clase de sentimiento… y obtuvo esta respuesta, en varios capítulos que incluyen visiones del leviatán y cosas parecidas: "¿Quién me ha dado a mí primero, para que yo restituya? Todo lo que hay debajo del cielo es mío" (Job 41:11).

Querida hermana, ¡si tan solo pudiéramos aferrarnos a esto en nuestro corazón! Dios no necesita consultarle a nadie nada. Él nunca necesita ideas ni consejo, no necesita guía ni asesoría, no necesita recibir eso de mí, ni de ti, ni de nadie. Él posee sabiduría que no conoce límites. Él nunca necesita llamar a una línea de ayuda ni pedir información al directorio telefónico. Él se basta a sí mismo y es completamente independiente de todo. Él nunca necesita ayuda de nada ni de nadie aparte de sí mismo.

Cuán opuestas somos nosotras a eso: absoluta, irremediable y totalmente dependientes de Él. Él no nos necesita, ¡nosotras lo necesitamos a Él! Incluso la aparentemente simple tarea de respirar, de tomar aire y expulsarlo, una sola vez, precisa de capacidad pulmonar y la actividad muscular involuntaria que no está en nuestras manos. Nos sustenta únicamente la provisión de la gracia de Dios. No podríamos sobrevivir la siguiente fracción de segundo si no fuera por su ayuda y la fortaleza que Él provee.

Dios es todo lo que nosotras no somos. Él no comete errores. Él no le debe nada a nadie, no nos debe nada. Dios no tiene ocurrencias caprichosas. Nada lo sorprende. Nunca tiene que improvisar una solución. No tiene salidas repentinas ni experimenta emergencias. Quien cuida de nosotras de manera tan completa no tiene que vivir al tanto de los sucesos de la actualidad. Él determina y prevé todos los acontecimientos: pasados, presentes y futuros. Él nunca tiene que detenerse a pensar cuál va a ser su siguiente movimiento.

Así pues...

Como mujeres de Dios, ¿por qué tenemos que angustiarnos por algo que no sale como queremos? ¿Por qué dudar no solo de la capacidad absoluta de Dios para suplir nuestra necesidad, sino de que Él ya ha previsto este desafío hace mucho tiempo y nos ha preparado de antemano para ello... e incluso lleva a cabo ahora mismo "miles de cosas diferentes" según el mismo proceso?

Creer esto no deja espacio para la duda, el temor, el enojo, la inseguridad o el cuestionamiento de las decisiones de Dios. Él es Dios, nosotras no. No nos corresponde entenderlo todo. ¿Y por qué deberíamos? Nos guarda y nos cuida Aquel que es soberano y perfectamente sabio, cuyos pensamientos son insondables e inescrutables sus caminos.

"¡Cuán insondables... [Cuán] inescrutables...!"

Con todo, debemos reconocer que sus caminos no siempre *parecen* correctos a la razón y la percepción humanas. A veces nos pueden parecer duros, dolorosos o confusos (para nosotras, ¡no para Él!). De hecho, estamos de pie en una larga fila de hermanas que han estado allí antes que nosotras, frente a los caminos inescrutables de Dios, las cuales han enfrentado la opción de exigir una respuesta o de vivir en confianza y sumisión.

- Sara, cuyo titubeo en la fe puso en riesgo su vida al menos en dos ocasiones.
- Rut, la viuda en una tierra extranjera, que sufrió penalidades y racismo.

- Ana, que sufrió años de infertilidad, burlas y anhelos insatisfechos por un hijo.
- María, que enfrentó un embarazo adolescente que no había planeado y cuya alma fue traspasada al entregar a su Hijo por los pecados del mundo.

Los caminos de Dios para ti, al igual que sus caminos para estas mujeres, no siempre tienen sentido para tu razonamiento humano. Pueden suponer desafíos físicos, debilidad, agotamiento, envejecimiento, enfermedad. Su plan para tu vida puede incluir dificultades financieras, familiares, infertilidad, un hijo con necesidades especiales. Puede significar un padre con Alzheimer, anhelos insatisfechos por conseguir una pareja, la pérdida de un esposo o de un hijo, una hija o un hijo pródigo. La lista puede continuar y llevarte por caminos inesperados, y escribir una historia que tú nunca habrías contemplado.

Sin embargo, también estamos de pie en esa fila con el Señor Jesús, para quien los caminos de Dios significaron el despojo completo de sus derechos, y padecer el rechazo y el ridículo a una escala que nadie jamás ha experimentado ni experimentará, para luego soportar una muerte cruel en la cruz. "*¡Cuán... inescrutables!*".

Puede que tus circunstancias sean difíciles. Puede que sea difícil comprenderlas, que resulten incomprensibles para tu percepción limitada. Puede que parezca que su plan no esté funcionando. No logras imaginar cómo el resultado podría ser más desolador.

No obstante, puedes tener la certeza de que Dios no comete errores. Él tiene un propósito eterno en mente, un plan para desplegar su gloria por todo el universo. Él está llevando a cabo un plan y tú eres parte de él.

Tú no necesitas saber lo que Él hace. Ni por qué lo hace.

Él hecho es que *Él* sabe. Y eso es lo único que importa.

Y, si confías en Él, a su tiempo le darás gracias por los tesoros que han resultado de aquellas tribulaciones. Como hace poco una amiga que atravesaba un período extremadamente difícil con sus hijos jóvenes me confesó con lágrimas: "Si yo no hubiera experimentado esto, no conocería a Dios como lo conozco. No lo anhelaría como lo anhelo".

Él es todo

Las formidables declaraciones de verdad de Pablo solo pueden llevar a una conclusión: *"Porque de él, y por él, y para él, son todas las cosas"* (Romanos 11:36). Todo encuentra su verdadero significado y propósito en el significado y el propósito *de Dios.*

Por eso, la verdadera feminidad se traduce en una vida y una perspectiva centrada en Dios, una cosmovisión cuyo centro es Dios, anclada eternamente en quién es Dios y en sus caminos soberanos e inescrutables.

Si no estás ahí o no estás dispuesta a ir en esa dirección, y si resistes el llamado de Dios para la verdadera feminidad, tu vida va a estar a la deriva en un mar de emociones cambiantes y formas anárquicas de pensamiento. Es una invitación a la depresión y el enojo. Te verás tentada a la amargura y la confusión. Alimentas un modo de pensar en un caos constante, sin punto de referencia que provea alguna clase de estabilidad en tu vida.

Aquí es donde necesitas estar: *"Porque de él, y por él, y para él, son todas las cosas"*. Si no estás *ahí*, has pasado por alto la verdadera esencia de tu existencia.

"De él... son todas las cosas"

Él es la fuente y el origen de nuestra existencia. No tenemos vida aparte de Él. Todas las cosas fueron creadas por Él. Eso significa que cada circunstancia que afecta tu vida y la mía, incluso las pruebas y las pérdidas extremas, vienen a nuestra vida a través del filtro de su mano soberana. Eso significa que el verdadero asunto subyacente de toda lucha que enfrentas no es tu esposo, tus hijos, tu soltería ni tu salud. De hecho, resistir o resentir la situación y las circunstancias en las cuales te encuentras es, en el fondo, resistir y resentir a Dios mismo. *De Él* son todas las cosas.

"Por él... son todas las cosas"

No solo Él es la fuente, sino también el Sustentador, el que "sustenta todas las cosas con la palabra de su poder" (Hebreos 1:3), y "por medio de él se mantiene todo en orden" (Colosenses 1:17, TLA). Si no fuera por su palabra poderosa que sustenta el sol, la luna, las estrellas y los planetas, el universo entero se desintegraría, y de paso nosotras (por supuesto). Así que cuando te sientas que ya no puedes mantener todo en orden, ¿adivina qué? Tú no puedes *mantener nada* en orden, ni siquiera por un segundo. Pero Él sí puede. Y lo hace.

"Para él, son todas las cosas"

Él es nuestro propósito supremo. Él es nuestra meta. Él creó todas las cosas, a ti y a mí, para sí mismo y para su propio deleite. ¡Cuán opuesto es esto a nuestra perspectiva natural que dice "yo soy el centro de todo"! Vivimos como si todas las cosas fueran de *nosotras*, por *nosotras* y para *nosotras*, lo cual nos deja agotadas, temerosas, amargadas, confundidas y deprimidas. Pero Dios nos ama demasiado para dejarnos seguir precipitándonos hacia la desesperanza y la insatisfacción. Cuando nos oponemos a sus juicios justos e insondables, Él amorosamente nos disciplina como sus hijas hasta que volvemos a alinearnos con la realidad de todas las cosas tal como son, tal como Él determinó que funcionen.

Sí, Dios es la fuente de todas las cosas, el Señor y Director soberano de todas las cosas, el Sustentador de todas las cosas y la meta suprema de todas las cosas. Esto significa que nada está al margen de su capacidad de controlar, transformar y usar para su gloria y para tu bien. A su manera y en su tiempo, aun las elecciones pecaminosas de los seres humanos, aquellos que te han ofendido y lastimado y que quizá siguen lastimándote a pesar de que procuras extenderles misericordia y perdón, aun estas acciones malvadas al final glorificarán a Dios y demostrarán la grandeza de su sabiduría, su poder y su gracia. Simplemente, nadie puede escapar de esta realidad cósmica: *"de él, y por él, y para él, son todas las cosas"*.

Y ¿cuál es nuestra respuesta? *"A él sea la gloria por los siglos. Amén"* (Romanos 11:36). La respuesta apropiada frente a las profundidades insondables de la sabiduría y los caminos de Dios es renunciar a nuestro protagonismo y entregárselo a Él, ponerlo en el centro de todo. Es decir *¡amén!* de todo corazón, afirmando nuestro acuerdo con la Palabra de Dios. Creemos que nuestro Señor infinito e inescrutable, que todo lo abarca, es la suma y la esencia de todo lo que existe. Por lo tanto, sometemos nuestra vida entera a sus propósitos santos y eternos. *Amén.* ¡Que así sea!

La respuesta de una mujer verdadera

¿Qué tiene esto que ver con ser una "mujer verdadera"? ¿Cómo se aplica a la situación que vivimos? Amiga mía, este pasaje tiene todo que ver con ser una verdadera mujer de Dios. Es aquí donde las verdaderas mujeres encuentran un refugio para sus corazones. Cuando abrazamos estas verdades, descubrimos de qué se trata la verdadera feminidad.

Todo lo que hemos visto acerca de Dios y de sus caminos está pensado para consolarnos y darnos igualmente el valor y la convicción para nuestro llamado como mujeres. Hay muchas implicaciones y aplicaciones que podríamos añadir a esto, pero quiero ofrecerte tres sencillas que se aplican a toda mujer cristiana. Mi oración es que las tomes y procures orientar tu vida en torno a ellas.

1. Una verdadera mujer de Dios vive una vida centrada en Dios. Aunque vivimos en un mundo centrado en el yo, una verdadera mujer de Dios lleva una vida que se centra en Dios. Ella vive para la gloria y el deleite de Dios, no para su propia gloria ni el deleite de sí misma... porque nosotras no somos el centro de todo. Él es el centro de todo, de absolutamente todo. Una mujer centrada en Dios abraza el propósito supremo para el cual fue creada. Vive para reflejar la belleza y la maravilla de los caminos de Dios, y para unirse a todos los seres creados en los cielos y en la tierra que lo glorifican y adoran por la eternidad. Esa es su razón de vivir. Esto es lo que la motiva a levantarse en la mañana y a enfrentar su jornada. Cada día y cada momento de cada día ella busca vivir consciente de los propósitos de Dios.

Contemplar la magnitud de la grandeza de Dios y poner nuestros ojos en Él provee un contexto y una perspectiva completamente nuevos para nuestros problemas. Puede que digas: "Nancy, no tienes ni idea de cuán grande es mi desafío. No es mi imaginación ni es una exageración". Te ruego que me escuches: no estoy minimizando tu situación. En comparación con lo que yo enfrento en este momento, puede que tus problemas sean gigantescos, pero no en comparación con el torrente, el río del amor, la misericordia y la gracia de Dios. Nuestros más grandes problemas, sin importar cuán exorbitantes e irresolubles puedan parecer, se vuelven insignificantes frente a la inmensidad de Dios.

Una mujer verdadera es más que una buena esposa y madre, una hija y amiga leal. Más que cualquier otra cosa, ella está embelesada con el Señor Jesucristo, la Perla de gran precio, el tesoro supremo de su vida. Él es el centro de su universo y su vida gira en torno a Él.

Y, por lo tanto, una mujer verdadera tiene esperanza, una esperanza real y genuina, en medio de un mundo lleno de dolor, pérdida e incertidumbre. Una mujer verdadera es una mujer centrada en Dios.

2. Una mujer verdadera confía en Dios. Vivimos en un mundo lleno de temor. Ahora sabemos que nuestra generación no es inmune al tipo de caídas bursátiles que traen a la memoria las borrosas imágenes en blanco y negro de la Gran Depresión. Leemos sobre tiroteos indiscriminados que ocurren en centros comerciales, negocios o reuniones de iglesias. Vemos niños de tercero de primaria encerrados en confinamiento por sospechas de un hombre armado en los alrededores de la escuela. Y experimentamos en carne propia sucesos inesperados que cambian el rumbo de nuestra existencia.

Una mujer verdadera tiene esperanza, una esperanza real y genuina, en medio de un mundo lleno de dolor, pérdida e incertidumbre.

A pesar de todo esto, la mujer verdadera no cede al temor. Como dice Proverbios 31:25, ella "se ríe de lo por venir", porque sabe que Dios tiene el mundo entero en sus manos. Ella conoce a un Dios cuyas profundidades no tienen fondo, cuyos caminos están más allá de lo comprensible. Ella sabe que Aquel que tiene a su cargo "todas las cosas" es digno de confianza porque sabe lo que hace. Él tiene un plan que quizá no habríamos escrito, un plan que quizá no entendamos, pero es su plan, y su plan es bueno, sabio y nadie puede frenarlo.

Así que una mujer verdadera acepta el plan de Dios como bueno, aunque quizá no sea la forma como *ella* define "bueno". Ella sabe que *Dios* es el que define lo que es bueno, de modo que confía en Él. Ella depende de Él aun en tiempos de prosperidad, gozo y abundancia. Pero también mantiene su gratitud confiada en tiempos de sufrimiento y dificultad, de escasez y de carencia, de soledad, de incertidumbre y confusión. Está casada con Cristo, en el éxito y en la adversidad, en riqueza y en pobreza, no como quien ama por interés y solo lo quiere por lo que Él puede darle.

Soy consciente de que la vida es difícil de entender. Desde nuestro limitado marco de referencia a veces pareciera que Dios no sabe lo que hace. Y, aunque muchas de nosotras nunca nos atrevamos a pronunciar esas palabras en voz alta o ni siquiera las pensemos de manera consciente, muchas somos, en ocasiones, ateas en la práctica, viviendo como si no hubiera Dios o, al menos, preguntándonos si esta vez Él realmente no tiene idea de lo que hace.

Sin embargo, una mujer verdadera confía en Dios completamente, creyendo con paciencia que Él es fiel y que su plan y su tiempo, así como sus promesas, van a cumplirse.

Quizá pienses: *No es que Dios no tenga idea de lo que hace, sino que yo soy el problema. Soy yo quien ha fallado. No se me ocurre cómo el plan de Dios para mi vida pueda cumplirse jamás.* Una mujer verdadera confía en que sus fracasos pasados no están fuera del alcance de la gracia redentora de Dios. Las pérdidas irreparables y los imposibles no existen en la mente inescrutable de Dios. Así lo expresó Martín Lutero de manera sucinta: "Dios puede trazar una línea recta con un bastón torcido", incluso si esos "bastones torcidos" son tus fracasos personales, incluso si son los pecados de uno de tus padres, de un esposo, de un hijo, de un jefe. Nada rebasa su plan ni es irreparable para Él.

La mujer verdadera que confía en Dios no tiene que pelear.

La manera en que Dios aborda la redención de este mundo resquebrajado es muy diferente a como nosotras lo haríamos. Así que cuando no podemos entender lo que Él hace o por qué lo hace, no nos corresponde a nosotras desafiarlo o reclamar, sino más bien inclinarnos en humildad ante su soberanía, su bondad, su misericordia y su grandeza, ante *"las riquezas de la sabiduría y de la ciencia de Dios"*, y alinearnos con sus propósitos, aceptando su voluntad.

La mujer verdadera que confía en Dios no tiene que pelear. No tiene que temer. Puede ceder el control. No tiene que manipular y controlar al mundo entero (como si tal cosa fuera posible). No tiene que ofenderse, resistir ni huir de la cruz. Ella acepta la cruz con fe.

Me gusta mucho cómo el poeta inglés del siglo XVIII, William Cowper, expresó esta clase de confianza que vemos en Romanos 11:

Dios obra por senderos misteriosos,
las maravillas que el mortal contempla.
Sus plantas se deslizan por los mares,
y atraviesa el espacio en la tormenta.

En el abismo de insondables minas,
con infalible y eternal destreza,
Él atesora todos sus designios
y su soberana voluntad despliega.

Nuevo valor cobrad, medrosos santos;
esas oscuras nubes que os aterran
derramarán, de compasión profusas,
bendiciones sin fin al alma vuestra.

No juzguéis al Señor por los sentidos;
confiad en su gracia que es inmensa.
Pues tras de su indignado rostro esconde
plácida faz que el corazón serena.

Sus propósitos no tardan en cumplirse,
a cada instante despliegan su verdad;
el breve sabor amargo del capullo,
dará paso a la dulzura de la flor.

Ciega incredulidad yerra el camino,
y su obra en vano adivinar intenta.
Dios es su propio intérprete, y al cabo
todo lo ha de explicar al que en Él crea.[2]

2. Traducción disponible en: https://www.himnos-cristianos.com/himno/dios-obra-por-senderos-misteriosos/.

3. Una mujer verdadera dice: "Sí, Señor". Esto es en esencia lo que ahora dice Pablo en el primer versículo que sigue a nuestro pasaje: "Así que, hermanos, os ruego por las misericordias de Dios, que presentéis vuestros cuerpos en sacrificio vivo, santo, agradable a Dios, que es vuestro culto racional" (Romanos 12:1).

Una mujer verdadera reconoce que su vida no le pertenece. Antes bien, vive para la gloria de Dios. Su Palabra, no la de ella, se convierte en su brújula. Ella afirma que los propósitos de Dios son buenos y sabios y, por lo tanto, se acoge a su dirección con el "sí" de la obediencia y la sumisión sin reservas.

La mujer verdadera acepta la manera en que Dios la ha creado, abrazando el diseño y las funciones que Dios le ha asignado, dando gracias porque Él la ha hecho mujer, por el privilegio de servir, de dar y de llevar a cabo sus propósitos santos.

Ella vive de manera deliberada, no anda sin rumbo de una actividad sin sentido a la siguiente, dejándose arrastrar por las circunstancias. Ella está dispuesta a vivir como lo hace el salmón que nada contra la corriente, viviendo una vida para la gloria de Dios que desafía la cultura de un mundo impío. Está dispuesta a hacer sacrificios personales, sin preguntarse constantemente: "¿Qué me va a hacer feliz?". Antes bien, quiere saber: "¿Qué te agrada a *ti*, Señor?". "¿Qué ayuda al progreso de tu reino?". "¿Qué va a desplegar tu gloria?". La actitud de su corazón es: "Si esto te agrada a ti, Señor, a mí me agrada". La mujer verdadera refleja el espíritu de María de Nazaret cuando respondió al llamado de Dios diciendo: "He aquí la sierva del Señor; hágase conmigo conforme a tu palabra" (Lucas 1:38).

"Sí, Señor".

Decir: "Sí ,Señor", significa decir "no" a muchas cosas:

- "no" a la amargura
- "no" al egocentrismo
- "no" al lloriqueo
- "no" a la añoranza
- "no" a sentirnos ofendidas
- "no" a resistir, molestarse y a huir de la voluntad de Dios

Aun así, decir sí supone mucho más:

- "sí" a perdonar a quienes han pecado contra nosotras
- "sí" a recibir el perdón que Dios nos da
- "sí" al arrepentimiento
- "sí" al servicio
- "sí" a aceptar los designios de Dios para nuestra vida
- "sí" a confiar a Él nuestras circunstancias
- "sí" a buscar y llevar a cabo sus propósitos

No es fácil vivir una vida centrada en Dios, confiar en Él cuando no entendemos, responder a Él con un corazón que dice siempre: "Sí, Señor". El camino que recorre este estilo de vida puede ser a veces empinado y aterrador. Pero andamos por fe, no por vista.

Y, si perseveras por su gracia, te aseguro que vendrá el día en que llegarás a la cima, como Pablo en Romanos 11. Entonces mirarás en retrospectiva los senderos que has escalado por su gracia, contemplarás el paisaje y te asombrará la profundidad inescrutable de Dios.

La vista será gloriosa y dirás: "¡Lo veo! Ahora todo cobra sentido... ¿por qué estaba tan afanada? ¿Por qué temí? ¿Por qué me amargué y me enojé? ¿Por qué desprecié a mi esposo por hacer mi vida tan difícil? Ahora veo que él era un instrumento en las manos de Dios para llevar a cabo sus propósitos santos y eternos...".

Contemplaremos el camino que hemos recorrido con la visión y la claridad que nos resulta imposible tener ahora. Y nuestro corazón exclamará: "Oh Señor mi Dios, todo lo has hecho bien... ¡Cuán grande eres!".

Por supuesto, habrá noches y días largos cuando la cima parece demasiado lejana e imposible de alcanzar, cuando lo único que puedes ver es dificultad y peligro, cuando no estás segura acerca de por qué te ha puesto Él en circunstancias tan arduas.

Para esos días te recomiendo Romanos 11:33-36: la profundidad, las riquezas, la sabiduría, el conocimiento de Dios. Sus juicios insondables. Sus caminos inescrutables. Puedes entregarte a su soberanía, segura de su amor, y proclamar juntamente con Pablo, con todo y tus lágrimas y penas: *"A él sea la gloria por los siglos. Amén"*.

Parte Dos

La batalla por la verdadera feminidad

*La influencia más determinante sobre la tierra, para bien y para mal, pertenece a la mujer. Estudiemos la historia de eras pasadas, el estado de barbarismo y civilización; de Oriente y de Occidente, de paganismo y cristianismo, de la antigüedad y de la Edad Media, del medievo y la modernidad, y encontraremos que no hay nada que los separe más claramente que la condición de la mujer.**

—ADOLPHE MONOD (1802-1856)

* De la página anterior; Citado en John Angell James, *Female Piety: A Young Woman's Friend and Guide* (Morgan, PA: Soli Deo Gloria Publications, 1995), 72.

CAPÍTULO 3

¡Has progresado mucho, **cariño!**

Mary A. Kassian

A finales de los años sesenta, la compañía tabacalera Philip Morris introdujo los Virginia Slims como el cigarrillo "exclusivo para mujeres", con un lanzamiento que incluía el eslogan "*¡Has progresado mucho, cariño!*". El estilo de la propaganda impresa era fotografía en blanco y negro ambientada en el pasado, con imágenes que mostraban el estado lamentable de las mujeres en el siglo XX antes del primer movimiento femenino. Y, justo al lado, imágenes a color de mujeres modernas mucho más felices que mostraban su emancipación del dominio masculino… fumando Virginia Slims.

Uno de dichos anuncios presentaba tres escenas en pequeñas imágenes en blanco y negro que mostraban a un esposo arrogante y obeso que hacía sonar el timbre de una campana, exigiendo que su servil esposa atendiera todas sus necesidades. El pie de foto decía: "Con este timbre te desposo. Timbre para la cena. Timbre para el periódico. Timbre para las pantuflas". La moderna y feliz mujer Virginia Slims que aparecía al lado rechaza la institución del matrimonio tradicional "definida por el hombre". El hombre no será la cabeza de *su* casa. "*¡Has progresado mucho, cariño!*".

La leyenda de otro anuncio publicitario declaraba: "En aquel entonces, la educación instruía a los hombres para dominar el mundo y a las mujeres para administrar el hogar". Muestra mujeres aburridas sentadas en viejos escritorios aprendiendo administración del hogar. El tablero anuncia que el martes habrá un cuestionario sobre cómo lavar la ropa, y que sus deberes consisten en varias tareas de limpieza y cocina. La mujer Virgina Slims, en la página opuesta, marca un fuerte contraste con este concepto anticuado de vida doméstica para las mujeres. Ella es culta e instruida. Ella sabe que administrar una casa y cuidar hijos es un trabajo inferior, inaceptable, humillante e impropio de alguien con una educación universitaria. Ella está decidida a salir de la casa y hacer algo realmente importante, ¡como dominar el mundo! *"¡Has progresado mucho, cariño!"*.

La escena antigua en blanco y negro del tercer anuncio publicitario muestra a varias mujeres trabajando duro en máquinas de escribir y escritorios detrás de su jefe masculino, quien pasea sus dedos por sus solapas y recibe todo el reconocimiento por el esfuerzo de ellas. El pie de foto dice: "Virgina Slims recuerda al hombre artífice de su éxito (y a todas las mujeres que lo hicieron posible)". La engreída mujer Virginia Slims que aparece en primer plano sostiene las solapas de *su* propio traje de negocios tal como lo hace el jefe presuntuoso. Pero no hay nadie detrás de ella apoyándola. Ella es la única artífice de su éxito. ¡Ella se hizo a *sí misma*! *"¡Has progresado mucho, cariño!"*.

Un último aviso publicitario presenta una fotografía de gran formato y sin color de dos policías que expulsan a una mujer de una playa pública por llevar un traje de baño inapropiado. La mujer está gritando. "¡Esperen! ¡Un día podremos ponernos el traje de baño que se nos antoje! ¡Un día podremos votar! ¡Un día tendremos incluso nuestro propio cigarrillo!". El policía replica: "Ya veremos". Pero la feliz e ilustrada mujer Virginia Slims en primer plano tiene la última palabra. Ella no duda que *llegará* un día cuando tendrá el derecho de fijar sus propias normas de conducta sexual, de moralidad y de propiedad, un día en el que ella disuelva y reescriba todas las reglas. *"¡Has progresado mucho, cariño!"*.

Hemos progresado mucho

Las mujeres en verdad hemos progresado mucho en los últimos cincuenta años, pero esto no significa necesariamente que sea en el sentido positivo y en la dirección correcta.

Hasta mediados del siglo pasado, la cultura occidental en su conjunto abrazó una perspectiva judeocristiana sobre género y sexualidad, al igual que acerca del propósito y la estructura de la familia. El matrimonio heterosexual, la fidelidad conyugal, tener hijos y criarlos en una unidad familiar intacta eran conceptos altamente valorados, la norma de la práctica social. La mayoría coincidía en que la responsabilidad primordial del hombre era liderar, proteger y proveer para su familia, mientras que la responsabilidad principal de la mujer era la crianza y el cuidado de los hijos en casa. Las diferencias entre hombre y mujer se aceptaban y rara vez se cuestionaban.

Por otro lado, tanto para hombres como para mujeres, su sentido del deber y de la responsabilidad para con la familia eran mayores que la búsqueda de la realización personal. Aunque no pudieran identificar la fuente de sus valores, la mayoría de los individuos eran conscientes de lo que significaba ser un hombre o una mujer. Entendían cómo funcionaban en la práctica los roles y las relaciones de género.

Ya no es así. Hemos "progresado mucho, cariño". Y la velocidad y la magnitud con que este entendimiento ha sufrido una deconstrucción es asombrosa.

Considera la imagen cultural de las mujeres en los años cincuenta representada por la famosa telecomedia *Leave It to Beaver*. La familia Cleaver ejemplificaba la familia suburbana ideal. Esta serie televisiva presentaba cuatro ideales como requisitos para una vida feliz, tanto para mujeres como para hombres: educación (tanto Ward como June Cleaver poseían títulos universitarios), matrimonio, hijos y trabajo duro. Al estilo típico de finales de los cincuenta, June trabajaba duro en casa todo el día ocupándose de su hogar y sirviendo a la comunidad, mientras que su esposo, Ward, trabajaba duro fuera del hogar para sostener a la familia económicamente. June estaba lista con galletas recién horneadas y un vaso de leche servido cuando sus hijos, Wally y Beaver, llegaban a casa de la escuela. Cuando Ward llegaba a su casa después de trabajar, June, con un hermoso vestido, lo saludaba con una sonrisa y un beso, una casa limpia y una cena caliente sobre la mesa.

June y Ward Cleaver eran felices y vivían contentos. De hecho, los adultos de la telecomedia *Leave It to Beaver* que no encarnaban o no podían alcanzar los ideales culturales de educación, matrimonio, hijos y trabajo duro, eran retratados como turbados o incompletos. Por ejemplo, la señora Mondello, la mamá de Larry, el amigo de Beaver, tenía un esposo que viajaba con frecuencia por cuenta de su trabajo. La presentaban como una madre desdichada y enojada a quien le costaba mucho criar a un hijo sola, y dependía de los Ward para que le ayudaran a disciplinarlo. Las solteronas como la adinerada y mojigata tía Martha eran representadas como fastidiosas y entrometidas, mientras que el tío Billy, el solterón trotamundos que contaba historias disparatadas, Jeff, el vagabundo vividor, y Andy, el hombre alcohólico encargado del mantenimiento, eran retratados desde la perspectiva matrimonial de la serie como si hubieran fracasado en la vida. En el único episodio que trata acerca del divorcio, el suceso es descrito como una horrible tragedia que solo tiene efectos negativos sobre los hijos y los adultos por igual.

Como sugiere la serie televisiva *Leave It to Beaver*, la vida para las mujeres en los años cincuenta difería radicalmente de lo que es en la actualidad. Piensa en las siguientes observaciones de la vida real de los años cincuenta:

- Casarse era la norma. Casi *todas las personas* se casaban. El promedio de edad para las mujeres era veinte años y para los hombres veintidós.
- Después de casarse, se esperaba que la pareja tuviera hijos y que el esposo proveyera económicamente lo necesario para su esposa con el fin de que ella pudiera quedarse en casa y cuidar a los hijos durante sus años de infancia.
- La tasa de divorcio era baja. Se esperaba que las personas permanecieran casadas e hicieran funcionar sus matrimonios. El divorcio era considerado una terrible tragedia.
- Si ocurría un divorcio y había hijos involucrados, los tribunales daban por hecho que el exesposo apoyara económicamente a la esposa en su labor de ama de casa porque la sociedad consideraba vital que los hijos tuvieran una madre en casa.

- La castidad, la virginidad y la fidelidad eran virtudes; el sexo fuera de una relación matrimonial era vergonzoso.
- Casi nadie vivía en relaciones de hecho, porque eso acarreaba el estigma de "vivir en pecado". Además, era impensable y completamente inapropiado que una mujer soltera compartiera una habitación o una vivienda con un hombre. El número de parejas que convivían antes de casarse era tan bajo que ni siquiera hay registro estadístico de este fenómeno.
- Tener un hijo fuera del vínculo matrimonial también era considerado algo vergonzoso. (En el 2010, en los Estados Unidos nacía un hijo fuera del matrimonio cada veinticinco segundos. Más del 40 por ciento de los hijos se acostaban por la noche en hogares donde no vivían sus padres).
- En 1960 solo el 30 por ciento de las mujeres trabajaban fuera del hogar, y muchas lo hacían a tiempo parcial. Rara vez una mujer se empleaba profesionalmente cuando sus hijos estaban en edad escolar.
- Los hijos eran extremadamente deseados, valorados y recibidos con agrado cuando se sumaban a la familia y la comunidad.
- No había píldora anticonceptiva.
- El aborto era ilegal.
- La pornografía, la violación, la homosexualidad, la perversión sexual, la adicción sexual y las enfermedades de transmisión sexual eran infrecuentes y escasas.
- Los hombres consideraban que era su responsabilidad proteger y proveer lo necesario para las mujeres y los niños que estaban bajo su tutela.
- Las mujeres consideraban que era su responsabilidad apoyar a sus esposos y concentrarse en criar a los hijos en un ambiente estable, propicio y amoroso. Sus profesiones ocupaban un lugar secundario frente a la ocupación de criar y educar a la siguiente generación.
- Aunque definitivamente no todos lograban seguir el modelo idílico de *Leave It to Beaver* de moralidad, matrimonio, familia y hogar, la sociedad lo consideraba un ideal.

Ese fue el mundo en el que yo nací. De modo que puedo decir por experiencia personal, y quizá tú también, con precisión absoluta e innegable: *"¡Has progresado mucho, cariño!"*.

También nuestras ideas acerca de la feminidad.

A finales de la década de 1960, la imagen de June Cleaver, una mujer feliz en su casa que cumple su papel de esposa y madre, había quedado relegada y reemplazada por la imagen de los años setenta de Mary Tyler Moore, una alegre mujer soltera de treinta y tantos años que hacía carrera en un canal televisivo. El *Mary Tyler Moore Show* fue aclamado como un programa innovador porque retrataba la primera mujer profesional independiente y atractiva como personaje principal. Además, el enfoque del programa era su carrera, no su vinculación con los hombres. Ella realmente vivía por cuenta propia, sin un padre, novio, prometido ni esposo que velara por ella. Con cada episodio, el tema musical del programa aludía orgullosamente a su autonomía, a su independencia y a su capacidad de arreglárselas muy bien sin necesidad de un hombre: "¡Al fin vas a lograrlo!".

En los años ochenta, la televisión introdujo a Murphy Brown, una periodista investigadora y presentadora de noticias para *FYI*, una revista informativa ficticia. A diferencia de la dulzura y bondad del personaje de Mary Tyler Moore, Murphy Brown era charlatana, atrevida, agresiva, segura de sí misma, egocéntrica y obstinada. Era divorciada y orgullosamente atea. Durante el transcurso de la serie, Murphy quedó embarazada, pero decidió no casarse con el padre del bebé. Era evidente que un hombre la limitaría. En vez de eso, dejaba el bebé al cuidado de una serie interminable de niñeras para ella poder seguir desempeñando su carrera. El hijo no era más que un argumento accesorio en una trama que giraba en torno a la realización personal de Murphy en el trabajo.

A mediados de los años noventa llega Ellen, una mujer que era dueña de su propia librería independiente. Ellen vivía con un hombre, pero su relación era solamente platónica. Ella no se sentía atraída sexualmente hacia él, era nada más su compañero de departamento. Sin embargo, poco a poco descubrimos que a Ellen no le atraían los hombres en absoluto. Ella era lesbiana, una mujer que se identifica como mujer con el derecho a definir su propia sexualidad y su propia moral. ¡Y nadie tenía derecho a juzgarla por eso! Como la elogiaba la carátula de *TV Guide*, Ellen "había salido del armario y tenía su vida en sus manos", como se describe a casi todas las mujeres en los medios en la última década. Desde los dibujos animados para niños hasta las series televisivas y películas, los medios de comunicación masiva presentan ahora a las mujeres con la mentalidad de "mi vida es mía, no necesito a un hombre, soy poderosa, el matrimonio y la familia tradicional y la moral tradicional son obsoletos, tengo el derecho a mandar, cómo se atreven a decirme qué hacer".

Ahora hemos llegado a ser adoctrinadas con el mensaje de que, en lo que respecta a las relaciones, las mujeres establecen sus propias reglas. Pueden dormir y acostarse con quien les place, involucrarse en relaciones casuales o de largo plazo, vivir en uniones de hecho, casarse o quedarse solteras, divorciarse, embarazarse, tener un bebé (estar casada es irrelevante) o abortarlo, tener hombres como compañeros de cuarto, tener sexo con hombres o mujeres, y participar en toda clase de conducta según su elección. La telecomedia *Friends* se basó en la premisa de que todas las anteriores son opciones igualmente válidas. Una mujer puede definir sus propias normas y dictar los términos de su relación con los hombres. Y mientras ella lo maneje de forma "agradable", y sea fiel a ella misma, en realidad no importa lo que haga. ¿Quiénes somos *nosotros* para juzgar?

La síntesis de esta mentalidad se refleja en una popular telecomedia que fue hecha por mujeres y acerca de las mujeres: *Sex and the City*. Se trata de ellas y de la hermandad entre ellas, y nada más. Mientras las mujeres sean leales a ellas mismas y a sus amigas, todo va por buen camino. Pueden ser solteras o casadas, lesbianas, heterosexuales o una combinación de estas. Pueden ser promiscuas, pervertidas, inmorales, tener sexo en solitario, en pareja, en trío o más a la vez. Pueden ser bulliciosas, arrogantes, vulgares, groseras y de mal gusto, pero ellas defienden su estilo de vida y el de otras mujeres, y si en el fondo son

Hemos llegado a ser adoctrinadas con el mensaje de que, en lo que respecta a las relaciones, las mujeres establecen sus propias reglas.

afectuosas y amables, están bien. En la nueva cosmovisión, los hombres son quejumbrosos, exigentes, no muy inteligentes y nada fiables. Están marginados y castrados, son usados, vistos y considerados como pañuelos desechables. (Charlotte, el personaje de *Sex and the City,* duda solo un breve instante antes de entregarle su anillo de compromiso a su amiga para ayudarla a pagar la hipoteca de una casa).

En la actualidad, el apogeo de la feminidad empoderada es vivir una vida de servicio a sí misma, una mujer presumida, neurótica, narcisista, superficial y adúltera. El personaje principal de *Sex and the City* lo resume bien cuando aconseja a las mujeres que "la relación más emocionante, desafiante y significativa es la que se tiene consigo misma".

Así pues, en las pocas décadas que abarcan mi vida entera, el ideal de una mujer feliz y realizada ha pasado de una que valora y sirve a sus hijos, su esposo y su comunidad, a una que se sirve y se exalta a sí misma, que ve a los hombres como algo prescindible, y que considera a los hijos una añadidura opcional en su búsqueda de la realización personal.

Lo anterior obliga a preguntarse: ¿Cómo sucedió esto?

Los factores son numerosos y complejos, pero una gran pieza del rompecabezas puede atribuirse a la filosofía del feminismo.

La revolución feminista

El feminismo es una filosofía definida que sacudió los cimientos de la sociedad a principios de los años sesenta como un tsunami que sacude el lecho marino. El feminismo es, en efecto, un "ismo", como ateísmo, humanismo, marxismo, existencialismo o posmodernismo. El sufijo "ismo" señala que nos referimos a una teoría filosófica particular, una doctrina, un sistema de principios e ideas.

Es importante entender que el feminismo abarca mucho más que el fenómeno cultural del movimiento de los derechos de las mujeres. Es más que una simple "moda de ayer", una parte desatendida de nuestro pasado que cuelga en el armario de nuestra madre como los collares *hippies.* Es más que el derecho de las mujeres al aborto, al voto, a la elección de una carrera. El feminismo es una cosmovisión definida con sus propias ideologías, valores y formas de pensar. Y, ya sea que la conozcas y lo reconozcas o no, el feminismo es una filosofía que ha afectado profundamente a casi toda mujer, hombre y niño que vive hoy en el mundo occidental.

Algunos pueden pensar que el examen intelectual de la filosofía del pasado, como la que abordamos en este capítulo, constituye un ejercicio inútil. Sin embargo, el que estudia la historia no solo entiende la cultura actual, sino que está equipado para visualizar un camino para el futuro. Debemos saber de dónde venimos y cómo llegamos a este punto si esperamos determinar el rumbo hacia donde nos dirigimos a partir de este punto.

Esta es una manera bíblica de aproximarse a la historia. Durante un período de agitación nacional, en el pueblo del antiguo Israel, servían los hombres de Isacar, hombres que, según 1 Crónicas 12:32, eran "entendidos en los tiempos, y que sabían lo que Israel debía hacer". Mi propósito con esta descripción general es ayudarte a "entender los tiempos", a fin de que Dios pueda levantarte como parte de una generación santa de mujeres en nuestros días, como lo fue Isacar. Mujeres que tengan en una mano el conocimiento de nuestros tiempos y, en la otra, sostengan la verdad, la claridad y el amor por la Palabra de Dios. Mujeres cuyos corazones se quebranten al ver la confusión de género y la carnicería espiritual, emocional y en las relaciones que se experimentan en nuestros días. Mujeres que (como aquellos hombres de la antigüedad) "sepan" lo que nosotros, la iglesia, "debe hacer".

Así que voy a llevarte de vuelta a los años cincuenta, de regreso a *Leave It to Beaver*, y daré algunas pinceladas para mostrarte cómo la filosofía del feminismo se desarrolló y se incorporó en la cultura.

Primero, un poco de contexto histórico. Desde el punto de vista geopolítico, el mundo de los años cincuenta fue testigo de una era revolucionaria. Las revoluciones estadounidense, francesa y rusa de siglos pasados se habían basado en la idea ilustrada de que todas las personas son iguales, que ningún grupo tiene el derecho inherente de dominar y gobernar a otro. La misma palabra "revolución" (del latín *revolutio*) significa "cambio de rumbo", lo cual implica un cambio fundamental en el poder que tiene lugar en un período de tiempo relativamente corto. A finales de los años cuarenta y cincuenta, el mundo fue testigo de revoluciones en India, Corea, China, Hungría, Iraq y Cuba. En todas estas revoluciones, la clase gobernante fue derrocada por medio de la violencia o la desobediencia civil de la clase poblacional sobre la cual gobernaban y a la cual en algunos casos oprimían.

Este fervor revolucionario y la lucha por los derechos individuales se extendió progresivamente de las estructuras políticas a las sociales. Los trabajadores exigían sus derechos y formaron sindicatos, y convocaban a huelgas cuando sus exigencias no eran satisfechas. Los estudiantes universitarios marchaban contra los establecimientos educativos de opresión. Se pusieron de relieve las desigualdades raciales entre negros y blancos cuando, en 1955, Rosa Parks rehusó ceder su asiento en el bus y nació el movimiento de los derechos civiles.

No obstante, eso no fue todo. En la década de los cincuenta, una filósofa francesa, Simone de Beauvoir, propuso que la sociedad moderna también necesitaba una revolución en los roles de género.

De Beauvoir declaraba que, en la relación entre hombres y mujeres, los hombres eran la clase dominante y, por debajo de ellos, las mujeres eran el "segundo sexo". Ella creía que, a fin de que las mujeres pudieran vivir como seres humanos completos, era preciso que reclamaran sus derechos, se rebelaran colectivamente contra los hombres y derrocaran todas las estructuras sociales que los hombres habían construido para mantenerlas en un estado de servidumbre. Específicamente, de Beauvoir propuso que, para alcanzar la igualdad con los hombres, las mujeres tenían que salir del hogar y proponerse deconstruir las ideas judeocristianas acerca del matrimonio, la maternidad y la moralidad.

A finales de los años cincuenta, la activista política y periodista estadounidense Betty Friedan retomó el pensamiento de Simone de Beauvoir. Elaboró un cuestionario para la reunión decimoquinta de su clase de graduados y preguntó a sus colegas femeninas acerca del nivel de felicidad y de realización que experimentaban en sus matrimonios y en sus papeles como esposas y madres. En sus respuestas, Friedan percibió descontento e insatisfacción.

En los meses siguientes entrevistó a decenas de mujeres. De todas estas respuestas combinadas, Friedan concluyó que en efecto existía una discrepancia entre lo que la sociedad le dictaba a las mujeres que las haría felices y plenas, y cuán felices y plenas se sentían en realidad. En su libro que condensa sus resultados y que fue publicado en 1963, Friedan sostuvo que las mujeres estaban tratando de conformarse a una imagen religiosa de la feminidad que era dictada por los hombres; el ideal de *Leave It to Beaver* al que ella denominó "la mística femenina", pero al hacerlo dejó a las mujeres con sentimientos de vacío, desasosiego y ansias de más.

Friedan propuso que un sentimiento persistente de infelicidad con el papel de la mujer era un problema femenino común, aunque sin nombre, y concluyó que el culpable de la insatisfacción de la mujer era el papel que ella desempeñaba. Así pues, al igual que de Beauvoir, Friedan sugirió que, para sentirse realizadas, las mujeres estadounidenses debían empezar a cuestionar, desafiar y rebelarse contra el papel aceptado de esposa y madre, y las ideas tradicionales acerca de la moral. Según Friedan, una mujer solo podía sentirse realizada si tenía un plan de vida que incluyera la educación, una carrera y un trabajo que fuera "de gran importancia para la sociedad".[1] (La labor de ama de casa y de criar a los hijos no fueron considerados "de gran importancia"). Para ser igual a los hombres, cada mujer debía liberarse de los grilletes del papel tradicional de esposa y madre que había sido definido por los hombres y que servía a los hombres, y *darse a sí misma un nuevo nombre* desarrollando una visión para su propio futuro. Necesitaba rechazar la imagen de feminidad que supuestamente había sido construida y perpetuada por los hombres. Las mujeres debían reclamar la autoridad para definir su propia existencia.

De acuerdo con el feminismo, la única esperanza para la felicidad y la realización personal de la mujer radica en que ella rechace una cosmovisión judeocristiana definida por el hombre.

Friedan sintetizó el precepto subyacente del feminismo cuando declaró: "¡Nosotras [las mujeres] debemos y podemos confiar únicamente en nuestra propia verdad!".[2] De acuerdo con el feminismo, la única esperanza para la felicidad y la realización personal de

1. Betty Friedan, *The Feminine Mystique: 20th Anniversary Edition* (Nueva York: Dell Publishing Co., Inc., 1983), 362.

2. http://womenshistory.about.com/od/quotes/a/de_beauvoir_2.htm.

la mujer radica en que ella rechace una cosmovisión judeocristiana definida por el hombre y se convenza a sí misma para definir su propia verdad.

Alvin Toffler, autor de *Future Shock*, llamó el libro de Friedan, *The Feminine Mystique*, "el libro que apretó el gatillo de la historia".[3] Y, en efecto, tan pronto la mujer aceptó esta premisa básica de necesitar y confiar únicamente en su propia autoridad y ninguna otra, se lanzó en un camino que rápidamente la llevaría, a ella y a la sociedad completa, en una dirección diametralmente opuesta al corazón y los propósitos de Dios.

A lo largo de la década de los sesenta, los escritos de Simone de Beauvoir y de Betty Friedan empezaron a ganar popularidad entre las mujeres norteamericanas. Quedó en evidencia que muchas experimentaban sentimientos internos de frustración e inconformidad, y ansiaban con avidez el "algo más" que ofrecían estas pioneras feministas. Se había descubierto un problema. Las feministas estaban convencidas de que era *el* problema. Y, aunque todavía no habían encontrado un nombre para describirlo adecuadamente, tenían la confianza de que en ello radicaba la causa del malestar de la mujer.

A finales de los años sesenta, la escritora feminista Kate Millett usó el término "patriarcado" para describir "el problema sin nombre".[4] La palabra *patriarcado* tiene su origen en dos palabras griegas: *pater*, que significa "padre", y *arche*, que significa "dominio". El patriarcado debía entenderse como "el dominio del padre", y se usó para describir tanto el dominio del hombre como la inferioridad y el servilismo de la mujer.

Las feministas sostenían que el patriarcado no se limitaba únicamente a un concepto abstracto acerca de hombres que tienen más poder y autoridad que las mujeres. Era un patrón entretejido en cada aspecto de la cultura y el pensamiento. El patriarcado había dictado todas las estructuras familiares, sociales, políticas y religiosas de la cultura occidental. El patriarcado estaba a la raíz de su protocolo social, sus costumbres, sus rituales, sus tradiciones y sus leyes. El patriarcado estaba entretejido en todo el sistema educativo y en la división económica del trabajo. Todos

3. Elogio en la contracubierta de Betty Friedan, *The Feminine Mystique: 20th Anniversary Edition* (Nueva York: Dell Publishing Co., Inc., 1983).

4. Kate Millett, *Sexual Politics* (Nueva York: Random House, 1969), 34.

estos factores eran responsables de mantener a los hombres en una posición dominante (y, por ende, a las mujeres en una posición servil) a lo largo de la historia de la humanidad.

Esta conclusión podía significar una sola cosa: para lograr la igualdad de la mujer, cada aspecto de las creencias y de la cultura precisaba un cambio. Solo la extinción y la redefinición de todas las estructuras patriarcales llevarían a la libertad de la mujer. Solo si se liberaba de las reglas y de los roles judeocristianos tradicionales una mujer encontraría significado y realización personal.

Y así se apretó el gatillo.

Un nuevo nombre para el yo

En la primera fase del feminismo, las mujeres exigieron el derecho de ponerse su propio nombre, de redefinir su propia existencia. Su meta era volverse más como los hombres y desechar las diferencias que las hacían débiles y susceptibles a la explotación. Las mujeres empezaron a vestirse como hombres, a fumar, a beber alcohol y a usar malas palabras como los hombres, a exigir libertad sexual y la participación en la fuerza laboral en las mismas condiciones de los hombres, y a controlar las funciones biológicas que las hacían diferentes de los hombres.

Los nuevos grupos feministas establecidos, tales como NOW (National Organization of Women), empezaron a ejercer presión y a manifestarse públicamente para promover la agenda feminista, la cual consistía en cinco postulados: 1) plena autodeterminación, 2) libertad de distinciones biológicas, 3) independencia económica, 4) integración total e igualitaria en la fuerza laboral, y 5) libertad sexual.

Con ese fin lucharon por la enmienda de igualdad de derechos, por leyes liberalizadas de divorcio, la legalización del aborto, la tecnología reproductiva, Planned Parenthood, las guarderías infantiles financiadas por el estado, la igualdad salarial, la equiparación de derechos, las mujeres en el ejército y los derechos de las lesbianas. Bloquearon las afueras del edificio de *The New York Times* para oponerse a los avisos publicitarios que publicaba el diario para solicitar ayuda, a los que ellas consideraban discriminatorios contra las mujeres. Organizaron manifestaciones contra el despido de azafatas. Protestaron en Madison Avenue contra las telenovelas. Desplegaron una llamativa protesta contra el concurso de Miss America que se transmitió por televisión a todo lo largo y ancho del país. Boicotearon, bloquearon, presionaron, protestaron, demandaron y participaron en toda clase de actos no violentos de desobediencia civil.

Si bien crecía el interés por el movimiento de las mujeres, la adhesión a la perspectiva feminista todavía no estaba muy extendida. Las teóricas de la perspectiva feminista concluyeron que las mujeres en su conjunto necesitaban ilustrarse. Necesitaban descubrir cuán oprimidas estaban realmente.

Entonces apareció una herramienta —descubierta de manera bastante involuntaria—, con la cual se logró convencer eficazmente a las mujeres de lo justa que era la causa feminista. Dicha herramienta demostró ser la clave para encender su revolución.

Las feministas de Nueva York descubrieron que si reunían mujeres en grupos pequeños y lograban que ellas hablaran acerca de sus congojas y reclamos contra los hombres, *todas* las mujeres del grupo empezaban a enojarse y a amargarse contra los hombres, incluso aquellas que en un principio no habían identificado problema alguno. Bajo cierta dirección, el enojo del grupo podía canalizarse hacia el activismo personal y político. De manera colectiva, el grupo entero podía sentirse capaz de rebelarse contra los hombres y, de ese modo, convertirse en agentes activos y comprometidos de la causa feminista.

Kathie Sarachild, una activista feminista en Nueva York, aprendió que esta nueva técnica se denominaba "toma de conciencia", y que en realidad no era nueva en absoluto. La toma de conciencia era una técnica política que el ejército revolucionario de Mao Tse-tung había usado y cuyo eslogan era: "*Habla* de amargura para *recordar* amargura; habla de dolor para recordar dolor". A fin de promover la discordia y la inestabilidad en una aldea, los revolucionarios de Mao reunían aldeanas para discutir los crímenes que sus hombres habían cometido contra ellas, alentando a las mujeres a "hablar de amargura y dolor". La reticencia del comienzo daba paso al enojo colectivo a medida que las mujeres, una tras otra, relataban las historias de violación a manos de sus terratenientes, de ser vendidas como concubinas, de maltrato físico a manos de sus esposos y suegros.

Conforme las mujeres ventilaban su amargura, experimentaban una nueva fortaleza y resolución que las alentaba a pasar a la acción colectiva. Por ejemplo, en una aldea, un campesino fue golpeado por un grupo de mujeres porque su esposa se había quejado delante de otras mujeres por el trato que recibía de él. Los revolucionarios habían incitado a las mujeres a hablar de amargura. Como resultado, las mujeres se llenaron de enojo y se volvieron rebeldes. Regresaban a casa y exigían un cambio personal y político. Fue así como Mao Tse-tung impulsó su revolución.

Conforme las mujeres ventilaban su amargura, experimentaban una nueva fortaleza y resolución que las alentaba a pasar a la acción colectiva.

En el otoño de 1969, Sarachild organizó "una guía y manifiesto para la toma de conciencia" (CR, por sus siglas en inglés), y la presentó en la primera conferencia nacional de la liberación de las mujeres, que tuvo lugar en Chicago. Ella propuso que el movimiento femenino utilizara esta técnica política para desencadenar una revolución de género a gran escala, esgrimiendo que, por medio de los grupos de toma de conciencia, las pequeñas chispas de infelicidad personal se podían esparcir hasta convertirse en una hoguera de insatisfacción colectiva y de acción política. La dinámica de grupo pequeño fue la herramienta más radical y eficaz para llevar a las mujeres al gran descubrimiento cuando por fin veían que todos los problemas en el mundo se debían al dominio de los hombres, y que las reglas y los roles tradicionales debían descartarse a fin de que las mujeres lograran la igualdad y la realización personal.

La toma de conciencia alentó a las mujeres a cambiar sus creencias y patrones de comportamiento para hacer nuevas exigencias en las relaciones interpersonales, insistir en sus propios derechos, apoyar el movimiento de las mujeres, y de ese modo concretar su propia concientización mediante la acción política. Estos grupos se propagaron rápidamente. No tardaron en aparecer grupos "CR-Rap" en las casas, los centros comunitarios, las iglesias, los YMCA y muchos escenarios de negocios.

Quizá recuerdes una vieja propaganda del champú Fabergé que empezaba con la imagen de una sola mujer. Luego su imagen se multiplicaba progresivamente y ella decía alegremente: "Les conté a dos amigas acerca del champú Fabergé Organic... *ellas* les contaron a dos amigas, y *ellas* a otras dos... y ellas a otras... y a otras". En un instante la pantalla estaba llena de cientos y cientos de copias de su imagen. Tal es el poder del boca a boca.

Y es exactamente así como se extendió el feminismo.

Solo unas doscientas mujeres asistieron a la primera conferencia de mujeres en Chicago, en 1968. No obstante, con la ayuda de la toma de conciencia, del continuo seguimiento mediático y de la generosa financiación del gobierno, las mujeres de todo el continente se contagiaron del fervor revolucionario y empezaron a exigir el derecho de llamarse como ellas querían y de definirse a sí mismas. Hacia 1970, veinte *mil* mujeres marcharon orgullosamente por la Quinta Avenida de Nueva York, identificándose como parte del movimiento de liberación femenina. Friedan sintetizó el tono de la ocasión cuando, al final de la marcha, proclamó:

> En la religión de mis ancestros había una oración que los hombres judíos rezaban cada mañana: "Gracias, Señor, porque no nací mujer". Hoy... todas las mujeres podrán decir: "Gracias, Señor, porque *nací* mujer. Porque en este día... Después de esta noche, los políticos de esta nación nunca serán lo mismo... Ningún hombre, mujer o niño puede librarse del carácter de nuestra revolución".[5]

Un nuevo nombre para el mundo

Las mujeres como grupo abrían sus ojos, su conciencia se despertó a su experiencia común. Ahora eran una hermandad. El efecto fue una legitimación interna y personal de las diferencias en las mujeres. Mientras que la

5. Citado en Marcia Cohan, *The Sisterhood: The Inside Story of the Women's Movement and the Leaders Who Made It Happen* (Nueva York: Ballantine Books, 1988), 286.

primera fase del movimiento consideró las diferencias de las mujeres como debilidades, la segunda fase las consideró como una fuente de orgullo y de confianza. Las feministas empezaron a creer que no solo las mujeres eran "tan buenas como" los hombres; ellas eran, de hecho, "mejores" que los hombres. Este giro en la mentalidad quedó representado en la canción de Helen Reddy en 1972, la cual ganó un premio Grammy y ocupó los primeros lugares en las listas de música popular de la época: "Soy mujer". Todavía alcanzo a oír el rugido que resonaba entonces: "Somos multitudes imposibles de ignorar... Soy fuerte, soy invencible, ¡soy mujer!".

Las feministas sostenían que las mujeres no solo tenían el derecho a hacerse un nombre *para sí mismas*, sino que también tenían derecho a definir al *mundo*. Como decía la canción de Reddy, ellas tenían que "hacer que sus hermanos entendieran". Los hombres habían malentendido todo. La historia no era más que un legado de significado arbitrario definido por los hombres: era la historia de *ellos*, según *ellos*. Y ya era hora de que eso cambiara. Desde la economía hasta la política, la psicología y la lingüística, desde las relaciones hasta la religión, las mujeres tenían que desafiar y cambiar lo que los hombres habían tanto construido como interpretado para su propio beneficio. Las mujeres tenían que mirar el mundo a través de la lente de la experiencia femenina e inventar nuevos valores y definiciones. Más aún, tenían que reeducar a las personas a pensar conforme al nuevo paradigma feminista. La formación de agencias gubernamentales impulsadas por el feminismo, junto con el financiamiento federal y el empuje mediático, aseguraron justamente que pudieran lograrlo.

De ese modo, las líderes del feminismo emprendieron una estrategia intensiva de investigación y educación feminista a la que denominaron "análisis centrado en la mujer" y "estudios de la mujer". En esencia, era el estudio del mundo basado en las percepciones y las experiencias de las mujeres. La National Women's Studies Association (NWSA por sus siglas en inglés), que coordinaba y encabezaba el esfuerzo, señaló que su objetivo era promover "el avance en la concientización y el conocimiento que transforme individuos, instituciones, relaciones y, en última instancia, la sociedad entera".[6] Como era de esperarse, no tardaron en aparecer cursos universitarios por todo el país, los cuales exploraban los derechos de las mujeres, su posición en la sociedad, la discriminación que experimentaban en las esferas públicas y en la vida privada, así como la parcialidad hacia el género masculino que prevalecía en la cultura, la literatura y el aprendizaje.

La explosión de análisis centrados en la mujer y de estudios sobre las mujeres en los años setenta fue absolutamente impresionante. Antes de 1969, *no* existían cursos de estudio sobre las mujeres en las universidades. Diez años después, el número de estudios sobre mujeres se había multiplicado por más de treinta mil. Los estudios sobre las mujeres se habían establecido como una disciplina con títulos disponibles a nivel de licenciatura, maestría y doctorado. Los periódicos, las publicaciones y las revistas feministas (tales como *Ms.*) inundaron el mercado popular.

Los esfuerzos de la NWSA condujeron a la introducción de teorías feministas en todas las áreas y a todos los niveles de la educación. Los educadores modificaron los libros del jardín de infancia, el currículo escolar, los cursos de educación continuada y los planes de estudios técnicos, a fin de que reflejaran una cosmovisión feminista. Los valores y las creencias del feminismo empezaron a aparecer en los diarios, las revistas, los noticiarios y la programación televisiva. Para finales de los setenta ya era difícil encontrar un medio de comunicación que no hubiera sido influenciado por el pensamiento feminista.

Las feministas se refieren con frecuencia a los setenta como la era dorada del feminismo. A principios de la década su teoría fue abrazada por un puñado de radicales. Sin embargo, hacia el final de la década, se había difundido hasta tal punto que había influido en cada miembro de la sociedad. En el albor de los años ochenta, muchas mujeres habían reclamado el derecho feminista de definirse a sí mismas y a su mundo. Y unas pocas, tanto en los círculos seculares como en los religiosos, habían empezado a exigir otro derecho: el derecho de definir a *Dios*.

---

6. Citado por Marilyn J. Boxer, "For and About Women: The Theory and Practice of Women's Studies in the United States", en *Feminist Theory: A Critique of Ideology*, eds. Nannerl O. Keohane, Michelle Z. Rosaldo, y Barbara C. Gelpi (Chicago: University of Chicago Press, 1982), 237.

Una nueva definición de Dios

Cuando Helen Reddy aceptó el premio Grammy por su canción "Soy mujer", exclamó orgullosa: "Me gustaría agradecer a Dios porque *Ella* hizo todo posible". Betty Friedan, el mismo año, había predicho que el gran debate de la década siguiente sería: "¿Es Dios masculino?". Las feministas habían demostrado ser muy exitosas en definirse a sí mismas y su mundo, y en la última fase de desarrollo del pensamiento feminista centraron su atención en definir a Dios. La progresión era lógica. Porque si la mujer tenía el derecho a definir su propia existencia, así como el derecho a definir a los hombres y al mundo, entonces con toda seguridad tenía también el derecho a redefinir a Dios. Las feministas alegaron que el Dios "masculino" de la Biblia era malo para las mujeres. Porque "si Dios es masculino, entonces el hombre es dios". Sostuvieron que la religión y el Dios de la Biblia habían sido las herramientas principales que usaron los hombres a lo largo de la historia para mantenerse en una posición de poder, y para imponer a las mujeres una posición de servidumbre.

No obstante, si el Dios de la Biblia es inaceptable para las mujeres, ¿quién o qué es dios? Según el feminismo, son las mujeres quienes lo deciden, lo cual significa en última instancia que ellas mismas son dios. La metafísica feminista enseña que cada mujer contiene la divinidad en su propio ser. La filosofía de la nueva era, Wicca y la adoración a diosas son expresiones de la espiritualidad feminista que surgió en los años ochenta y los años noventa. Según el feminismo, cada mujer es su propia diosa, parte del poder elemental y creativo femenino del universo.

Si el Dios de la Biblia es inaceptable para las mujeres, ¿quién o qué es dios?

¿Alguna vez te has preguntado por qué los publicistas en la actualidad asignan nombres de diosas a una nueva maquinilla de afeitar para mujeres y comercializan su producto como si pudiera ofrecer piernas sedosas dignas de la diosa que hay en ti? Esta idea no surgió de la nada. Es un reflejo de la idea fundamental del feminismo según la cual las mujeres tienen el derecho inherente a definirse a sí mismas, al mundo y a Dios.

El derecho de Dios de definir las cosas

Una vez más, la premisa básica del feminismo es que "las mujeres no necesitan ni pueden confiar en ninguna otra autoridad aparte de su propia verdad personal". El feminismo enseña que las mujeres no deberían doblegarse ni someterse a ningún poder externo.

Sin embargo, ese no es el mensaje de la Biblia. Dios nos creó. Él nos creó hombre y mujer. Este hecho no es irrelevante. *Significa* algo. La Biblia nos informa que hay una diferencia esencial en la forma y en el propósito comprendidos en la creación de los dos sexos. El Nuevo Testamento reitera que existen diferencias fundamentales entre hombres y mujeres que deben honrarse como parte del diseño de Dios. Al negarse a honrar estas diferencias o al afirmar de manera desafiante que no puede ser así, estamos exigiendo el derecho de definir nuestra propia existencia. Pero según la Biblia, ese es un derecho que solo le pertenece a Dios. Dios es quien hizo la tierra y creó sobre ella a la humanidad, y no tenemos el derecho de cuestionar la sabiduría de sus directivas para nuestras vidas. Dios habló por medio de Isaías:

> *¡Ay del que pleitea con su Hacedor! ¡el tiesto* [un pedazo de cerámica roto] *con los tiestos de la tierra! ¿Dirá el barro al que lo labra: ¿Qué haces?; o tu obra: ¿No tiene manos?... Preguntadme de las cosas por venir; mandadme acerca de mis hijos, y acerca de la obra de mis manos. Yo hice la tierra, y creé sobre ella al hombre* (Isaías 45:9, 11b-12a).

El apóstol Pablo reitera la exhortación en Romanos:

> *Mas antes, oh hombre, ¿quién eres tú, para que alterques con Dios? ¿Dirá el vaso de barro al que lo formó: ¿Por qué me has hecho así? ¿O no tiene potestad el alfarero sobre el barro, para hacer de la misma masa un vaso para honra y otro para deshonra?* (Romanos 9:20-21).

El Creador formó los dos sexos diferentes. Este es un hecho que no nos atrevemos a pasar por alto ni a banalizar. En 1 Corintios 11 dice que "el hombre no procede de la mujer, sino la mujer del hombre. En verdad el hombre no fue creado a causa de la mujer, sino la mujer a causa del hombre" (vv. 8-9, NBLA). Dice además que "ni la mujer es independiente del hombre, ni el hombre independiente de la mujer. Porque así como la mujer procede del hombre, también el hombre *nace* de la mujer; y todas las cosas proceden de Dios" (vv. 11-12, NBLA). Hay otros textos bíblicos que abordan las diferencias tanto en la creación como en las funciones del hombre y de la mujer.

Los dos sexos simplemente fueron creados de manera diferente. Y la Biblia brinda información útil acerca de cómo deben evidenciarse tales diferencias. No ofrece, como sostienen muchos, una lista estereotipada de *cuál* sexo hace *qué* (por ejemplo, que los hombres reparan los autos y las mujeres hornean galletas), pero sí provee principios esenciales para el funcionamiento adecuado de las relaciones entre hombres y mujeres. El marco bíblico nos ayuda a conocernos y a entendernos a nosotros mismos como hombres y mujeres.

Nuestra identidad como hombre y mujer también encierra un aspecto simbólico primordial. Nos enseña acerca de las relaciones entre nosotros como pueblo de Dios (la Iglesia) y nuestra relación con Dios. También nos enseña algo acerca de las relaciones en la Trinidad misma. La realidad de quiénes somos, de cómo funciona el mundo y de quién es Dios no está oculta. Nos es revelada por medio de los símbolos y las imágenes de Dios, al igual que a través de su creación de lo masculino y lo femenino. Si perdemos estas imágenes fundamentales, perdemos nuestra propia esencia.

Las feministas reconocen que el acto de *definir algo* imparte poder a quien lo hace. Cuando las mujeres exigen el derecho de definirse a ellas mismas, se apartan de la autoridad de Dios y reclaman, como si fuera suyo, lo que le pertenece solo a Él. Este es el punto crucial y el peligro fundamental de la filosofía feminista. Como cristianas, debemos dejar que Dios se defina a sí mismo, al mundo que es suyo, y al hombre y la mujer. Esta creencia contiene la única esperanza para entender la vida correctamente. Es la única esperanza para descubrir nuestra verdadera identidad y propósito. Es la única esperanza para desenmarañar el desorden y el caos que el pecado ha causado en lo concerniente al género y las relaciones. Es la única esperanza para experimentar en mayor medida la sanidad y el gozo. Y, por encima de todo, es la única esperanza para reflejar y exaltar la belleza del evangelio y la gloria de Dios.

Di "sí" a la verdadera feminidad

¿Cuál es, pues, la respuesta a la pregunta que formuló el feminismo hace casi cincuenta años? Fue una pregunta espiritual: "¿Qué va a proporcionar a las mujeres felicidad, plenitud y el gozo de vivir?". ¿Retrocedemos el reloj y regresamos a los años cincuenta? ¿Es cierto que una mujer solo encontrará satisfacción cuando encuentre al hombre perfecto, cuando sea madre y ama de casa, cuando esté protegida en un cómodo automóvil y una casa rodeada por una hermosa cerca blanca? ¿O nos amparamos en la fórmula feminista para sentirnos realizadas: la libertad absoluta de las mujeres para buscar su plenitud en una carrera y el sexo, en controlar y desechar a los hombres y hacer lo que les place?

La historia ha demostrado que el ideal de *Leave It to Beaver* no es el que satisface. Ningún hombre sobre la tierra puede colmar plenamente los deseos del corazón de una mujer. Ser esposa y madre es un gran llamado y privilegio, pero no satisface nuestras necesidades más profundas.

> La historia ha demostrado que el ideal de *Leave It to Beaver* no es el que satisface.

Sin embargo, la solución feminista tampoco satisface. Los anhelos de nuestro corazón no van a ser satisfechos cuando busquemos la plenitud en una carrera, el sexo o la autodeterminación. No vamos a encontrar más felicidad persiguiendo el ideal de nuestros días de lo que lograron nuestras hermanas de los años cincuenta luchando por el ideal de su época. No. Para encontrar satisfacción como mujeres, tú y yo necesitamos inclinar nuestro corazón hacia el ideal que corresponde. Necesitamos recurrir a Aquel para quien fuimos creadas y a quien apuntan todos nuestros anhelos, el Señor Jesucristo, y necesitamos decirle "sí" a Él.

Tenemos la tendencia a reducir la discusión acerca de la feminidad a cuestiones secundarias: el estado civil, los hijos, el nivel educativo y la profesión, el trabajo fuera del hogar, el uso de anticonceptivos, la opción de educar a los hijos en casa o de enviarlos a la escuela, el tipo de ropa o de maquillaje que se usa. Estas cuestiones no son irrelevantes, pero no son la esencia de la verdadera feminidad.

La esencia de la verdadera feminidad es entender y estar de acuerdo con los propósitos de nuestro Creador. Una mujer es una verdadera mujer cuando su corazón le dice "sí" a Dios.

El feminismo prometió a las mujeres felicidad y realización, pero no ha cumplido lo prometido. La nueva generación está desilusionada. Pueden ver que el feminismo no ha dado a las mujeres la satisfacción prometida. Las mujeres de hoy buscan respuestas. Quieren saber cómo hacer que la vida funcione.

En última instancia, su anhelo solo va a ser satisfecho cuando abracen el evangelio de Jesucristo y una comprensión bíblica de la masculinidad, la feminidad y las relaciones de género.

Ha llegado la hora para un nuevo movimiento, un terremoto contracultural, santo y radical, por parte de mujeres cristianas que tomen la Palabra de Dios en serio, que tengan el valor para resistir la masa popular, para elegir creer y deleitarse en el plan de Dios para el hombre y la mujer.

Y yo digo que nos preparemos para "¡progresar mucho, cariño!".

Este discurso fue pronunciado en True Woman '08, está basado en The Feminist Mistake, *de Mary A. Kassian (Wheaton, Illinois, Crossway Books, 2005) e incluye apartes seleccionados de esa obra. Usado con permiso.*

CAPÍTULO 4

Para esta hora

Nancy DeMoss Wolgemuth

Hace tiempo, estudiaba en un apartamento con vistas al lago Michigan por cortesía de una amiga que me había invitado a quedarme allí para trabajar. Ese día, el cielo estaba particularmente oscuro y sombrío, con lluvia constante, lo cual acentuaba el desánimo. Sin embargo, poco antes del atardecer, la lluvia cesó. En el cielo de occidente un rayo de luz empezó a abrirse camino a través de las espesas nubes, brillando sobre la superficie del agua.

En los minutos siguientes observé cómo el sol penetraba las oscuras nubes en un glorioso despliegue de luz. Aunque gran parte de la tarde siguió oscura y premonitoria, la ventana que abrieron los rayos de sol y el hermoso atardecer subsiguiente fueron para mí una imagen de lo que yo creo que Dios quiere que hagamos en nuestros días.

En términos espirituales, el clima que nos rodea es oscuro y sombrío, con pronóstico de más lluvia. Hay muchos días en los que es difícil ver la evidencia de la presencia de Dios en nuestra tierra y quizá incluso en nuestras vidas.

Sin embargo, más allá de las nubes, más allá de la oscuridad, el gobierno y el reinado de Dios es tan seguro como la mañana. Puede que las condiciones parezcan de momento difíciles, duras y frías, pero Aquel que hizo los cielos y la tierra vive para siempre. Y Él tendrá la última palabra.

Esa tarde, mientras contemplaba allí sentada la puesta de sol que prevalecía en las nubes, quise elevar una oración: "Señor, que tu gloria y la luz de tu presencia brillen a través de mi vida y de tu pueblo, y que disipen las tinieblas en nuestra tierra". ¡Yo creo que Dios quiere esto y que es poderoso para llevarlo a cabo!

A lo largo de la vida, es importante reconocer que siempre hay dos historias que suceden de manera simultánea.

Dos historias... dos reinos

Los sucesos dramáticos registrados en el libro de Ester tuvieron lugar hace unos 2.500 años en un momento particularmente oscuro de la historia de Israel, un período que en muchos aspectos no difiere mucho del nuestro. Sin embargo, por nefasta que había llegado a ser la era de Ester, el relato bíblico que lleva su nombre nos habla de un Dios que corre el telón para desplegar su gloria en medio de un mundo impío, sirviéndose de una mujer como instrumento extraordinario de su obra redentora.

Es la historia de una "mujer verdadera".

A lo largo de la vida, es importante reconocer que siempre hay dos historias que suceden de manera simultánea: dos perspectivas, dos cosmovisiones, dos maneras de ver la vida. Por un lado, está el drama visible, y por otro el drama *detrás* del drama. Existe el guion evidente y también el guion *detrás* del guion.

El primer guion es el visible y humano, el drama que tiene lugar en la tierra. Podríamos denominarlo *el reino del hombre*, como se describe, por ejemplo, en el primer capítulo de Ester cuando "en los días de Asuero" encontramos al rey persa sentado en su trono real, como anfitrión de un banquete para todos sus oficiales y siervos donde se propuso hacer alarde de "las riquezas de la gloria de su reino, el brillo y la magnificencia de su poder, por muchos días" (1:1, 4). Esta es la historia evidente, la escena de la cual todos los presentes podían ser testigos. Es la historia que transcurre en la esfera natural y física, la que a menudo parece la más convincente e impresionante.

El reino del hombre se construye sobre la base del yo; muestra la gloria del hombre, como lo pretendía este rey de la antigüedad. No obstante,

Asuero estaba edificando para sí mismo un castillo de naipes, como hacen la mayoría de las personas hoy.

Como verás, la historia natural y visible no es la historia definitiva ni es tampoco la principal. En el fondo, la historia humana y el drama humano son un drama divino, una historia que siempre sucede tras bambalinas en la esfera espiritual. Es el *reino de Dios* que eclipsa y sobrepasa el reino del hombre, el que ejecuta sus propósitos eternos por medio de los acontecimientos en la tierra.

Esto es lo que vemos que sucede en el libro de Ester, que en muchos sentidos ni siquiera es la historia de ella. El personaje principal es, como siempre, Dios, cuyo nombre ni se menciona, pero cuya presencia y poder son indiscutibles. Y lo mismo sucede en nuestras vidas. En el reino del hombre es evidente que nosotros somos los protagonistas. Podemos darle nombres y ponerle rostros y ubicaciones de GPS. Pero el reino del hombre es efímero y frágil, y está destinado a la destrucción. La vida sobre esta tierra no es más que vapor. Un día va a desvanecerse y será reemplazada por una realidad superior.

Por lo tanto, como mujeres verdaderas que desempeñan su papel individual en la historia de nuestros tiempos, debemos fijar nuestros ojos en lo que es invisible, conscientes de que lo que está haciendo nuestro Dios en el trasfondo es más elevado, más amplio y más eterno que todo lo que podamos ver con nuestros ojos naturales.

Al igual que Ester, hemos sido puestas en el mundo "para esta hora", para la honra y la gloria de nuestro Padre. Y nosotras, al igual que ella, debemos vivir a la luz de ese llamado, mostrando a este mundo una visión de su realidad, su poder y su gracia.

Preparando el escenario

La Biblia nos dice que Asuero "reinó desde la India hasta Etiopía sobre ciento veintisiete provincias" (1:1), el trono más elevado sobre la tierra en aquel entonces. Y el gran banquete que relata el primer capítulo de Ester revela, sin duda, el lugar que ocupaba este rey en el panorama mundial: "teniendo delante de él a los más poderosos de Persia y de Media, gobernadores y príncipes de provincias" (v. 3). Aquí encontramos una imagen de riqueza exuberante y descomunal. Pompa, circunstancia e influencia. La gala de celebración difícilmente podría haber sido más festiva. Banquetes, festejos y celebración día tras día, de un recinto a otro del palacio real. Es un cuadro espléndido de la grandeza de un hombre.

Asuero está en su trono elevado, convencido de que es el rey del mundo. Dios, entre tanto, está en su trono santo en el cielo, sentado infinitamente por encima de todos los reyes terrenales. La historia describe a Asuero como un hombre cruel e impío. En su arrogancia pensaba que dominaba el mundo y que no rendía cuentas a nadie, pero la mano invisible de Dios tenía el control, se movía y obraba tras bambalinas para llevar a cabo sus propósitos.

Quizá estés familiarizada con lo que sucedió el séptimo día de su banquete cuando, en estado de embriaguez y sintiéndose especialmente dominante, Asuero mandó que la reina Vasti se presentara delante de la multitud reunida para exhibir su belleza (en realidad, para hacer alarde de la belleza que él había sido capaz de conquistar para sí). Vasti rehusó comparecer ante el rey y como resultado fue destituida de su posición de reina.

Cuatro años después nos encontramos en el capítulo dos, el rey ha regresado de una avasalladora campaña en Grecia. Al recordar que estaba en búsqueda de una nueva reina, empezó el proceso oficial para encontrar el reemplazo de Vasti.

Y en ese momento entra en escena una joven judía llamada Ester.

El ascenso de Ester

Los padres de Ester habían fallecido y la criaba su primo mayor, Mardoqueo. Sin embargo, a raíz de una serie de circunstancias fue llevada al harén del rey, quedando bajo custodia en el palacio. De manera providencial, dondequiera que iba, "ganaba Ester el favor de todos los que la veían" (2:15). De hecho, "el rey amó a Ester más que a todas las otras mujeres, y halló ella gracia y benevolencia delante de él más que todas las demás vírgenes; y puso la corona real en su cabeza, y la hizo reina en lugar de Vasti" (v. 17).

Sí, una joven judía había sido coronada como la primera dama de Persia, un origen del cual ni siquiera el rey estaba al tanto.

Recuerda: un libro, dos historias. Como siempre.

Desde la perspectiva del drama humano y del reino del hombre, el ascenso de Ester a una posición notable en Persia podía considerarse como un logro extraordinario, un gran estímulo para su autoestima, un motivo para sentirse orgullosa. En poco tiempo había pasado de ser nadie a ser una reina, una trayectoria profesional envidiable a los ojos de algunos.

Por supuesto que podría verse de otra manera, incluso desde la perspectiva del reino del hombre. Estar casada con un hombre iracundo, arrogante e incrédulo, aun si se trata de un rey, no sería una posición que muchas envidiaríamos. Podríamos sentir lástima de ella. Su pueblo había sido llevado lejos de su patria. Había quedado huérfana. Su "destino", una palabra que se usa con frecuencia en el drama humano de los acontecimientos, la había dejado en una situación vulnerable que solo podía empeorar. Los reyes que poseen la autoridad y el acceso a cualquier mujer que les antoja no suelen ser esposos fieles. Sabemos cómo le fue a Vasti cuando *ella* dejó de complacer a su marido.

Sin embargo, al mirar esta historia en términos del reino de Dios, ya no la consideramos como un cuento de hadas del ascenso de la miseria a la opulencia, como tampoco lamentamos su suerte arguyendo que fue una pésima transacción. Esa clase de juicios y de análisis no tienen cabida en el reino de Dios.

Lo que realmente importa es *"¿qué se propone Dios con todo esto?".*

Antes bien, vemos toda esa sucesión de eventos a través de una lente mucho más grande, en una dimensión mucho más amplia. Y vemos que en realidad esta historia se trata acerca de Dios, de *su* agenda, de Dios y *sus* objetivos, de Dios y *sus* propósitos.

Lo que realmente importa es *"¿qué se propone Dios con todo esto?".*

Ester no es la estrella sino simplemente una actriz del drama celestial que se desarrolla en un escenario terrenal. En última instancia fue Dios quien la elevó a esta posición prominente en una tierra pagana. Fue Dios quien la puso en el palacio de un rey malvado. Ella fue puesta allí por Dios y para los propósitos del reino, los cuales, cabe agregar, ella desconocía por completo.

Quiero recordarte además que Dios también te ha puesto en el lugar donde tú *te* encuentras ahora mismo para sus propósitos del reino. Puede que digas "mis circunstancias no son de mi agrado". Dios entiende eso. Él conoce con exactitud lo que enfrentas. Pero Él está cumpliendo los objetivos de su drama celestial por medio de ti, propósitos que son más grandes y más eternos de lo que puedes ver o comprender. Sus planes son seguros. Él tiene el control de todo.

Así pues, ya sea que ganes o pierdas los concursos de belleza y de popularidad del mundo, ya sea que logres tu trabajo soñado o pierdas el que conseguiste, ya sea que goces de prosperidad financiera o veas cómo se devalúan tus ganancias de muchos años, ya sea que tengas hijos saludables o con necesidades especiales, ya sea que tengas un trasfondo familiar sano o uno disfuncional, ya sea que estés en buena forma y salud física o luches con la enfermedad, estas cosas que importan mucho en el reino del hombre, en realidad, palidecen y son insignificantes en el reino de Dios.

La pregunta no es "¿cómo me va a afectar esta circunstancia?" ni "¿cómo va a satisfacer mis deseos y necesidades?". La pregunta correcta es "¿cómo quiere Dios usar mi posición, mi etapa en la vida, mi posición en este momento para llevar a cabo en el mundo los propósitos de su reino?".

Una vida bajo la Providencia

Recuerda que no hay circunstancias "fortuitas" en nuestra vida, ni en el mundo en general. Cada detalle que parece trivial e insignificante es parte del plan y el proceso divino. Él siempre está obrando. Lo único que podemos ver es el aquí y el ahora, un momento específico nada más, pero Dios ve el cuadro completo y eterno. Por eso podemos confiar en Él.

En el drama humano, algunas circunstancias que enfrentamos parecieran no tener sentido. Parecen completamente injustas. Considera, por ejemplo, los "sucesos" en la vida de Mardoqueo, el primo mayor de Ester que la había tomado bajo su tutela. Él era un siervo humilde, un hombre de honor e integridad. Pero cuando descubrió y sacó a la luz un complot para asesinar al rey, no fue recompensado, sino que fue malinterpretado… por un período de tiempo. Si se considera únicamente ese punto particular de su historia, Mardoqueo habría tenido motivos para protestar y quejarse, tal como nosotras sin duda seríamos tentadas a sentirnos en caso de estar en la misma situación.

Todas hemos estado allí, en el centro de una injusticia, abrumadas por los pormenores de nuestra situación presente, basando nuestras reacciones en un solo instante injusto en el tiempo. Pero es preciso que nos controlemos, nos neguemos a nosotras mismas y nos humillemos lo suficiente para decir: "Señor, desde mi perspectiva limitada esto no tiene sentido. Pero yo sé que tú ves el cuadro completo y confío en ti".

De modo que el humilde y leal Mardoqueo se queda sin recompensa. Por otro lado, Amán, que es un hombre soberbio, despiadado y confabulador, recibe una promoción para convertirse en jefe y todos deben inclinarse ante él. No parece justo, ¿o sí? Pero recuerda que esta es nada más la historia visible a nivel humano y solo dura un instante, cuando se mira a la luz de la eternidad. Recuerda que Dios va a rectificar todas las injusticias. Espera en el Señor. Sé paciente. Él va a actuar, a su manera y en su tiempo.

Reinos en conflicto

Entretanto, Amán se enfurece cuando descubre que Mardoqueo se niega a inclinarse ante él y a rendir el homenaje que exige su nuevo título. Amán echa mano de su posición delante del rey, aprovechando su oportunidad para ejecutar venganza, y le propone un edicto que autorice la exterminación de los judíos, respaldada por diez mil talentos de plata que él mismo ofrece pagar a las arcas reales. El rey acepta esta sugerencia, siendo persuadido por Amán de que "nada le beneficia el dejarlos vivir", ya que se trata de un pueblo cuyas leyes son diferentes y que no guarda las leyes del rey (3:8).

Acto seguido, se envían cartas a todas las provincias del rey, con instrucciones para asesinar a todos los judíos, jóvenes y viejos, mujeres y niños, en una fecha específica, el día trece de Adar. El pasaje dice: "mientras el rey y Amán se sentaron a beber, la ciudad de Susa [la capital del reino] estaba consternada" (v. 15, LBLA).

Sabemos de ciudades que están "consternadas". Hemos visto lo que sucede cuando en las noticias se anuncia un posible desabastecimiento de gas o la bancarrota inminente de una gran compañía. Recuerdo cuando vi el titular del *Chicago Tribune* en la víspera del colapso económico en el otoño del 2008: "Todas las señales apuntan al pánico". Esa es a menudo la actitud en el reino del hombre: pánico, ansiedad, confusión, miedo, pavor, "consternación". En cambio, en el reino de Dios no hay asomo alguno de consternación. Solo planes, los planes sabios, buenos y eternos de Dios.

Después de enterarse de la nefasta orden del rey, Mardoqueo reaccionó como reaccionarían todos los hombres y mujeres de Dios cuando el malvado prevalece y la situación es desesperada. En lugar de atacar y de exigir justicia de parte de los hombres, él clamó a Dios "con grande y amargo clamor" (4:1). "Y en cada provincia y lugar donde el mandamiento del rey y su decreto llegaba, tenían los judíos gran luto, ayuno, lloro y lamentación; cilicio y ceniza era la cama de muchos" (v. 3).

En los Estados Unidos tenemos un día nacional de oración, un evento anual que se volvió parte de una ley establecida durante la administración de Truman, que más adelante fue ratificada por el presidente Ronald Reagan para realizarse el primer jueves de cada mes de mayo. En el pasado, en plena guerra civil en 1863, durante la presidencia de Abraham Lincoln, nuestra nación no solo observó días de oración, sino días de "humillación, ayuno y oración".

> ¿Con cuánta frecuencia vemos un espíritu de lamento, ayuno y humillación en nuestras iglesias o en esta tierra?

Esa es la clase de reuniones de oración que necesitamos convocar hoy, tiempos para vestirse de cilicio y de ceniza espiritual. Sin embargo, ¿con cuánta frecuencia vemos un espíritu de lamento, ayuno y humillación en nuestras iglesias o en esta tierra? El hecho de que no veamos esa clase de efusión hoy indica, a mi modo de ver, que todavía no estamos tan desesperados ni convencidos de que nos resulta imposible salir de este desastre por nosotros mismos, ni estamos completamente seguros de que el reino de Dios tiene la única respuesta para nuestro mal. Mardoqueo y los judíos de la época de Ester no tenían a quién acudir aparte del Señor.

Y cuando la reina Ester, encerrada en el palacio, se enteró de la conmoción y el desasosiego en las calles, envió a uno de sus siervos, Hatac, para que averiguara lo que estaba sucediendo. Hatac acudió primero a Mardoqueo, que estaba consternado y vestía cilicio y ceniza en la puerta del rey, y Mardoqueo le contó todo lo que había sucedido y le entregó una copia escrita del decreto para que se la diera a Ester, a fin de que "fuese ante el rey a suplicarle y a interceder delante de él por su pueblo" (v. 8).

Pero ¿qué podía hacer ella realmente? Ella intentó explicar a Mardoqueo por intermedio de Hatac: "cualquier hombre o mujer que entra en el patio interior para ver al rey, sin ser llamado, una sola ley hay respecto a él: ha de morir; salvo aquel a quien el rey extendiere el cetro de oro, el cual vivirá" (v. 11). Además, según dijo ella, hacía casi un mes que ella ni siquiera había visto al rey.

Lo que Ester quiso decir fue: "¡Me estás enviando en una misión suicida! ¿De qué utilidad puedo ser para *alguien* si mi intento de ayuda termina en mi muerte?".

Una crisis de fe

Entonces llegamos al quid de la historia de Ester, la estela de luz que atraviesa la nube más oscura, donde el reino del hombre es iluminado por la luz de fondo del reino de Dios. Mardoqueo dice:

> *No pienses que escaparás en la casa del rey más que cualquier otro judío. Porque si callas absolutamente en este tiempo, respiro y liberación vendrá de alguna otra parte para los judíos; mas tú y la casa de tu padre pereceréis. ¿Y quién sabe si para esta hora has llegado al reino?* (vv. 13-14).

En efecto, Mardoqueo dice: "Dios no depende de ti. Él no te necesita para llevar a cabo sus propósitos. Dios prevalecerá con o sin ti y sin mí. Él puede traer salvación de otras fuentes". Sin embargo, le recuerda a Ester que hay muchas vidas en juego, la de Ester, la de su familia y la de su pueblo.

Y luego pronuncia las famosas palabras: *¿Y quién sabe si para esta hora has llegado al reino?*

En el caso de Ester, en aquel momento, y en tu caso hoy día, solo Dios sabe y solo el tiempo dirá por qué Él en su soberanía te ha puesto en el lugar donde estás ahora mismo, en este momento de la historia. Se te ha asignado un papel y nadie más puede desempeñarlo sino tú.

Puede que digas: "Nancy, yo no soy una oradora. No soy una líder. No tengo dones, talentos ni capacidades interesantes". Puede que todo eso sea cierto. Pero el hecho es que no estás ahí por casualidad. Cualquiera que sea la etapa de tu vida, tu estado civil, tu vocación y tus dones naturales, se te han dado privilegios, oportunidades y un lugar en el reino, el reino del hombre, que en esta hora pueden usarse para impulsar el reino de Dios.

Cuando las palabras de Mardoqueo llegaron a los oídos de Ester, ella comprendió lo que debía hacer. Las excusas que había interpuesto, los temores que había abrigado, todos los razonamientos humanos que había elaborado para silenciar el papel que Dios le había asignado, todo se derrumbó cuando la verdad arrasó en su espíritu. Ella sabía que no había tiempo que perder y que debía tomar medidas radicales. Así que envió un mensaje a Mardoqueo:

> *Ve y reúne a todos los judíos que se hallan en Susa, y ayunad por mí, y no comáis ni bebáis en tres días, noche y día; yo también con mis doncellas ayunaré igualmente, y entonces entraré a ver al rey, aunque no sea conforme a la ley; y si perezco, que perezca* (v. 16).

Observa que ella no actuó sola. Ella comprendió que era parte de una comunidad, entendió la necesidad de ponerse de acuerdo con otros. Este es un recordatorio de la importancia de unir los corazones y de aunar esfuerzos con otros creyentes para enfrentar asuntos que en la actualidad se oponen al reino de Dios.

Asimismo, vemos un sentido de urgencia que impulsa a Ester a convocar tres días de ayuno. Medidas drásticas para días extremos. No había tiempo para ponerse a jugar. Antes de atreverse a presentarse ante el rey de Persia, era imperativo que se presentara primero delante del Rey del universo, Aquel que pone reyes y quita reyes. El ayuno y la oración no eran fines en sí mismos; eran una preparación para el corazón de Ester, para preparar el camino delante de ella y para avanzar con la bendición de Dios de su lado y a favor de su pueblo.

Esto dice en el versículo 16: "entraré a ver al rey, aunque no sea conforme a la ley; y si perezco, que perezca". Esta es una mujer dispuesta a todo. No se trata de un esfuerzo ni un compromiso tímido. Ella puso su vida en peligro para cumplir el propósito de Dios para su vida, aun si eso significaba morir.

Mientras estudiaba este pasaje escuchaba providencialmente un mensaje del Dr. Tim Keller, pastor principal de la Redeemer Presbyterian Church en Nueva York, en el que hizo un breve comentario acerca de Ester, el cual me quedó grabado. Él señaló que Ester, al tomar esa valiente decisión de fe, estuvo dispuesta a dejar el palacio y a arriesgar su vida para salvar a su pueblo. Por su parte, el Señor Jesús *dejó*, en efecto, su palacio celestial y entregó su vida para salvar a su pueblo. De esta manera, la historia de Ester prefigura el mensaje del evangelio, así como nuestras vidas están llamadas a mostrar a las personas el corazón redentor y la obra de Cristo.

Tú también eres una herramienta en las manos de Dios.

Como bien sabes, Dios intervino de manera sobrenatural en la vida de Ester. Los judíos se salvaron del exterminio. Amán quedó en evidencia y fue juzgado. Mardoqueo fue exaltado. Tenemos así un capítulo importante en la historia de la redención, un momento del reino del hombre que se transformó en un momento del reino de Dios, ¿por cuenta de quién más sino de Dios mismo?

Y, aunque tal vez no consideres tu vida al nivel de importancia de Ester, no es así como tu Padre te ve. Tú también eres una herramienta en las manos de Dios, una herramienta que actúa en situaciones que pueden parecerte "cotidianas", pero que son en realidad las etapas que Dios ha dispuesto para cumplir sus propósitos y para hacerlos manifiestos en tu realidad personal. Y Él sabe a qué público se enfrenta, ya sean miembros de tu familia, amigos de la iglesia, conocidos casuales, o quienquiera que necesite ver su poder obrando en un corazón rendido... como el tuyo.

Perspectiva y esperanza para la batalla

Al considerar, pues, lo que significa para nosotras ser verdaderas mujeres de Dios en nuestros días, quiero sugerir varias ideas y lecciones importantes que podemos extraer de la historia de Ester.

1. Todas libramos una batalla. Sabemos que el consejo malvado que dio Amán al rey fue inspirado por Satanás, quien estaba determinado a aniquilar el linaje de Cristo. Este archienemigo de Dios amenazaba la continuidad de los propósitos de Dios en la historia redentora, amenazaba la existencia futura del pueblo elegido de Dios, amenazaba la llegada del Mesías. La batalla no era en realidad entre Amán y Mardoqueo. Aunque ellos eran personas reales en un mundo real, eran más como peones en un tablero de ajedrez, símbolos de un conflicto entre el reino del hombre (que promete lealtad a Satanás) y el reino de Dios.

Debemos recordar que nuestra batalla hoy como mujeres de Dios verdaderas no es contra poderes humanos, partidos políticos ni la cultura secular. Nuestra batalla no es contra aquellos que promueven las ideologías feministas. No es, en esencia, contra hombres que maltratan o desprecian a las mujeres. Ninguno de estos es el enemigo primordial. La batalla que libramos es una batalla de índole *espiritual*, y debemos tener siempre presente esa realidad.

2. Las armas y las tácticas del reino terrenal y humano son diferentes de las armas y las tácticas del reino celestial. En el drama humano, los hombres dependen de armas como el poder mundano, las leyes y los decretos humanos, el poderío militar, la autosuficiencia, el enojo, la fuerza y el engaño, para lograr sus fines y promover su causa. Los hijos del reino de Dios pelean y ganan la batalla con humildad, oración, ayuno, verdad y amor, con la confianza de que Dios va delante de ellos y pelea sus batallas. Esto no significa que debamos prescindir de medios legales y políticos para lograr cambios sociales y proteger a los oprimidos. Con todo, debemos reconocer que la batalla más grande se libra en una esfera diferente y más elevada.

Cuando te sientas atrapada en el combate, recuerda que "no es vuestra la guerra, sino de Dios" (2 Crónicas 20:15), y que sin importar cuál sea el resultado de las elecciones, cómo siga la economía o cualquier otro detalle de tu situación personal, ya sea una crisis matrimonial, problemas familiares, enfermedad física, iglesia, relaciones y asuntos culturales, la verdadera batalla se pelea y se gana en el mundo espiritual con armas y tácticas espirituales.

3. Dios tiene un plan soberano y redentor que no va a fallar. Él tiene un plan para tu vida, para tu familia, para su pueblo y para este mundo, un plan para revelar la gloria y el esplendor de la gracia salvadora de Jesucristo y llenar la tierra de su gloria. Y sin importar lo que suceda en los pasillos del gobierno, en los mercados bursátiles o en los recintos de las juntas corporativas, su plan no va a fallar. Ningún esposo impío puede frustrarlo. Ningún hijo pródigo puede desviarlo. Ningún foso de tristeza, reproche o depresión pueden dilatarlo. Nada en este mundo puede echar a perder su plan eterno. Aun cuando no puedes ver su mano, aun cuando parece que nada estuviera sucediendo, Dios está siempre entre bastidores cumpliendo sus propósitos. Él prevalecerá.

4. Por medio de la fe y la obediencia puedes ser parte del plan de Dios. Puede que en ocasiones te sientas sola en esta batalla, que tengas momentos en los que te sientas indefensa y en desventaja, abrumada por la impiedad y los poderes de las tinieblas. Pero nunca subestimes el poder de Dios. nunca subestimes la importancia y la influencia de tu fe, tus oraciones, tu fidelidad y tu obediencia. No pienses que tu vida no puede influir poderosamente en este mundo. Es imposible calcular la influencia que puede ejercer una mujer llena del Espíritu de Dios y que está dispuesta a servir a los propósitos de su reino. Mira nada más a Ester, a María, a Sara, a Rut y a Débora, hermanas reales que vivieron en otra época.

Ya seas joven o mayor, extrovertida o tímida, ya sea que goces de salud o sufras enfermedad, Dios te ha traído a su reino "para esta hora". Sé valiente. Debes estar dispuesta a avanzar por la fe. Ponte a disposición del Señor para que te use como Él quiere a fin de llevar a cabo sus propósitos eternos en tu mundo.

5. No existe una situación tan grave que Dios no pueda redimir. Si ha existido una situación que parecía no tener salida, fue la de Ester. Era huérfana desde la infancia, fue llevada a un harén persa, casada con un esposo cruel, arrogante y alcohólico, y luego enfrenta un edicto cuya finalidad era el exterminio de su raza. Era una situación extremadamente grave, tanto para ella como para su pueblo. Su apuro parecía insalvable, pero el reino celestial gobierna por encima del reino terrenal.

Cuando nos encontramos en medio del drama terrenal, frente a circunstancias extremas, debemos recordar sin cesar esta realidad definitiva:

¡El cielo reina! ¿Recuerdas lo que dijo el pastor John Piper? "En cada situación y circunstancia de tu vida, Dios está siempre llevando a cabo miles de cosas que tú no puedes ver y que no conoces". Nunca olvides eso. Escríbelo en tu corazón. Y aprende a esperar a que Dios actúe; espera en su tiempo. El hecho es que toda la presión, el fastidio, los gritos, los reclamos, la insistencia, la manipulación, la queja y la culpa del mundo no van a solucionar tus problemas. Esas tácticas pueden ayudarte a lograr lo que quieres en el corto plazo, pero no van a darte la victoria para el reino de Dios. Lograr cada cosa es el papel que le corresponde a *Él*, y Él garantiza que va a obrar en su tiempo perfecto, conforme a su voluntad buena, soberana y eterna. Valdrá la pena la espera, te lo aseguro.

Nuestra tendencia es justificar nuestra conducta impaciente, enfureciéndonos y protestando cuando nuestras circunstancias se vuelven desesperantes o desagradables. Pero el enojo y la fealdad no deberían ser nuestras reacciones características frente a las injusticias y las situaciones dolorosas, ya sea que se trate de asuntos en la esfera pública o personal. Aunque estamos llamadas a confrontar el mal, las mujeres verdaderas se caracterizan por un espíritu de gracia y mansedumbre. Mantienen su poder bajo control, bajo el control *de Dios*.

Frente a la conspiración diabólica que amenazaba su vida junto con la de la raza judía entera, Ester fue una mujer que mantuvo admirablemente el control de su lengua y de sus emociones. No hubo apresuramientos, dramatismo ni arranques de histeria. Su ejemplo representa a una mujer que actúa bajo el entendimiento de que el reino de Dios tiene el control de todo. Y, puesto que el cielo reina, *nosotras* podemos responder a las circunstancias más amenazantes con valor, fe y una confianza discreta.

6. No juzgues el desenlace de la batalla por la apariencia de las cosas presentes. Como vimos que sucedió con Mardoqueo y Amán, en este mundo con frecuencia los malos florecen y los justos sufren. En varios momentos de la historia de Ester, los malvados estaban de fiesta y los justos de luto. Sin embargo, hacia el final del libro los malvados son juzgados y los justos están de fiesta. Su historia nos ofrece un atisbo de nuestra esperanza futura.

Recuerda que lo que sucede en el presente no será así para siempre. Sí, puede que el malvado y el injusto prosperen en tu vida en este momento, pero un día vendrá el juicio y ellos tendrán que rendir cuentas. Puede que el justo sufra ahora, pero un día gozará la victoria eterna en el reino de Dios. El Jinete del caballo blanco vendrá para tomar el mando, irrumpirá en las nubes a los ojos del mundo entero. Entonces habrá gozo eterno para el pueblo de Dios que fue comprado por la sangre de su Hijo. "Ciertamente hay galardón para el justo; ciertamente hay Dios que juzga en la tierra" (Salmo 58:11). Dios tendrá la última palabra y escribirá el capítulo final.

De hecho, el último capítulo ya fue escrito. No es como si Dios estuviera sentado en el cielo diciendo: "Ay, ¿qué voy a hacer con todas estas crisis que suceden allá abajo? ¿Cómo voy a solucionar todos estos problemas?". Hermana mía, a diferencia de lo que sucede en la tierra, no hay misterios en el cielo. La historia completa, desde el primer capítulo y hasta el último, fue escrita por Dios desde la eternidad; está transcurriendo en nuestros días y espera su desarrollo en el futuro eterno.

Mira con los ojos de la fe. Vive en la esperanza de las promesas seguras y ciertas de Dios.

Contra la corriente

El deseo de nuestro corazón, como mujeres verdaderas, es que el reino de Dios se establezca y sea evidente en nuestra vida, y que Cristo sea exaltado y reine soberano en nuestro mundo.

Sin embargo, por mucho que esta visión haga eco en ti, puede parecer muy alejada de la realidad. Desde el lugar donde te encuentras hoy puede que te sientas muy sola e incapaz de vivir, mucho menos luchar, por una misión tan radicalmente contraria al sistema que está establecido en el mundo. Puede que imagines lo que algunas de tus amigas dirían si hablaras acerca de lo importante que es vivir conforme a estas verdades bíblicas, estar tan afirmada y rendida al Señor que puedes aceptar tus problemas bajo el amparo de su soberanía. Puede que te preguntes, tan pronto termines este libro, si toda esta idea de la mujer verdadera es realista y relevante para nuestros días. ¿Qué importancia tiene lo que las mujeres cristianas hagan en un mundo que ya nos considera locas porque no hablamos como el mundo habla, no dormimos como el mundo duerme y no exhibimos las mismas actitudes que el mundo exhibe?

Bueno, ¿qué importancia tuvo el hecho de que Ester viviera como una verdadera mujer de Dios? Ella era una joven normal y corriente, atrapada en el drama humano de su época, enfrentando desafíos que podían fácilmente haberle impedido convertirse en una mujer valiente y llena de fe. Sin embargo, como resultado de su entrega y obediencia, millones de personas se salvaron de la aniquilación.

Tal vez digas que ese fue un suceso único en un milenio. Una historia de otra época que nada tiene que ver con la vida que llevas y con la época que vives en este momento.

Te pido que me creas cuando digo que los actos prodigiosos de Dios no se limitan a los días pasados. Nuestro Dios poderoso y redentor está vivo y no ha renunciado al trono, sino que está decidido a manifestar su gloria en nuestro mundo. Y nuestra mente no puede comprender todo lo que Dios es capaz de hacer en y por medio de las vidas de quienes confían en Él.

> *¡Cuán grande es tu bondad, que has guardado para los que te temen,*
> *Que has mostrado a los que esperan en ti, delante de los hijos de los hombres!* (Salmo 31:19).

Oh, Padre, que podamos oír y atender tu llamado. Haz de nosotras mujeres verdaderas, por amor de Cristo y por tu gran reino. Amén.

Parte Tres

El perfeccionamiento de la **verdadera feminidad**

Estamos llamadas a ser mujeres.
El hecho de que yo sea mujer no me hace
una clase diferente de cristiano,
pero el hecho de que yo sea cristiana sí me
hace una clase diferente de mujer.
Porque he aceptado la idea de Dios acerca de mí,
y mi vida entera es una ofrenda para Él
*de todo lo que soy y todo lo que Él quiere que yo sea.**

—ELISABETH ELLIOT

* De la página anterior; Elisabeth Elliot, *Let Me Be a Woman* (Wheaton, IL: Living Books/ Tyndale, 1985), 52.

CAPÍTULO 5

Una mujer conforme al corazón de Dios

Janet Parshall

Hace un tiempo, mi esposo Craig y yo vivimos en Fredericksburg, Virginia, el lugar donde vivió también George Washington muchos años antes, desde los siete hasta los veintiún años. Si alguna vez él lanzó una moneda de plata al otro lado del río, definitivamente no fue el Potomac, como dice la leyenda. Fue al otro lado del río en Fredericksburg que se llama Rappahannock. Pero, más importante que el río Rappahannock en los primeros años de George Washington, fue otro lugar emblemático de Fredericksburg que jugó un papel en su futuro, un pequeño embarcadero de piedra no lejos del lugar donde su madre está sepultada ahora.

Muchas oraciones ascendieron al cielo desde ese lugar. Era sabido que su madre caminaba hasta esa roca con frecuencia para orar por su familia, por sus hijos, por George. Los biógrafos nos han dejado una historia tras otra del gran general Washington, guardado en el fragor de la batalla, protegido por la fiel respuesta de Dios a la oración eficaz de una madre que no cesó de interceder por su hijo.

Washington dijo: "Mi madre fue la mujer más hermosa que vi jamás, y todo lo que soy se lo debo a mi madre. Todos mis éxitos se los debo a la educación moral, intelectual y física que recibí de ella". Es asombroso el poder de una madre que ora.

Abraham Lincoln también tuvo mucho que decir acerca de su madre, como este conmovedor homenaje sobre su influencia en el hombre que él llegó a ser: "Recuerdo las oraciones de mi madre, las cuales siempre me han acompañado. A todo lo largo de mi vida no se han apartado de mí".

Entonces, ¿pueden las oraciones de una madre cambiar el destino de una nación?

Meditemos en la respuesta y en otros descubrimientos acerca del papel de la mujer en los propósitos del reino de Dios, a través de la conocida historia bíblica que habla de una verdadera mujer de fe.

Un suplicio antiguo

La situación del antiguo Israel difícilmente podía ser peor que durante el período de los jueces, cuando no solo en una sino en dos ocasiones (Jueces 17:6; 21:25) las Escrituras revelan que "en aquellos días no había rey en Israel; cada uno hacía lo que bien le parecía". Israel no tenía líder. Tenía un sacerdocio corrupto. El país estaba en un caos completo. Pero, en medio de todo este caos cultural y de tanta desesperanza, surge una historia asombrosa, una madre que presenta su angustia delante de Aquel que sabe cómo sanarla.

Sin importar cuántas veces hayas oído esta historia, cada vez que la lees, la Palabra cobra vida y habla. Cada vez que la examinas, extraes una nueva verdad. De modo que, si ya la has escuchado mil veces, puede que descubras algo nuevo acerca de esta preciosa mujer. Y si tal vez la historia es nueva para ti, prepárate para conocer a una mujer de fe verdaderamente extraordinaria.

Así comienza la historia:

> *Hubo un varón de Ramataim de Zofim, del monte de Efraín, que se llamaba Elcana hijo de Jeroham, hijo de Eliú, hijo de Tohu, hijo de Zuf, efrateo. Y tenía él dos mujeres; el nombre de una era Ana, y el de la otra, Penina. Y Penina tenía hijos, mas Ana no los tenía* (1 Samuel 1:1-2).

Apenas leemos dos versículos de este episodio crucial de la historia de Israel y ya encontramos varios problemas. Para empezar, hay demasiadas esposas.

Uno de los escenarios recurrentes del Antiguo Testamento es la presencia de la poligamia y la discordia que esta crea. Busca en las Escrituras y verás que Abraham tenía dos esposas y muchos problemas. Jacob tenía dos esposas y problemas. Tanto David como Salomón tenían múltiples esposas y toda clase de problemas como resultado. De modo que, aunque este no fue el ideal creado por Dios, es evidente que Él permitió que su pueblo escogiera la poligamia. Sin embargo, cada vez que se practicó la poligamia en la Biblia, esta produjo disturbios en la dinámica familiar.

He oído a algunas personas que son partidarias de algunas variaciones de la forma tradicional de matrimonio decir: "Incluso la Biblia habla de poligamia". Mi respuesta a esta observación es: "Así es, pero hay que leer el resto de la historia. Porque cada vez que aparece la poligamia, hay un problema". Cada vez que una sociedad empieza a alterar la institución del matrimonio, creada por Dios en un ambiente perfecto llamado Edén, queda comprometido un regalo precioso y profundo, ya sea en el antiguo Oriente Próximo, o en el tiempo y el lugar que vivimos.

Así pues, cuando miramos lo que sucede en los estados que están legislando y votando para aprobar cambios en el matrimonio tradicional, debemos reconocer que la verdad de Dios está en juego. En definitiva, no se trata de un asunto político, sino bíblico. Cuando las cortes supremas del estado empiezan a reglamentar que los matrimonios del mismo sexo deben ser legalizados y reconocidos oficialmente, atentamos contra el corazón del plan bueno y perfecto de Dios y, como resultado, heredamos un torbellino de problemas.

El otro problema que presentan los primeros dos versículos de 1 Samuel es el hecho de que una de las esposas tiene hijos, mientras que la otra no. Muchos eruditos bíblicos consideran que tal vez Elcana se casó primero con Ana. Pero, al no poder ella darle un heredero, se casó con Penina, quien podía tener hijos. Es evidente que esta situación causaba una profunda tensión entre las dos mujeres.

> *Y todos los años aquel varón subía de su ciudad para adorar y para ofrecer sacrificios a Jehová de los ejércitos en Silo, donde estaban dos hijos de Elí, Ofni y Finees,* sacerdotes *de Jehová. Y cuando llegaba*

el día en que Elcana ofrecía sacrificio, daba a Penina su mujer, a todos sus hijos y a todas sus hijas, a cada uno su parte. Pero a Ana daba una parte escogida; porque amaba a Ana, aunque Jehová no le había concedido tener hijos (vv. 3-5).

Es obvio que Elcana amaba a Ana. Después de todo, le daba a ella la doble porción. No hay que subestimar este gesto. Era su carta de amor para ella, lo que afirmaba cuánto la valoraba él a pesar de que ella no había podido darle hijos. Las costumbres de la época le daban plena justificación para divorciarse de ella, sin necesidad de otra razón aparte de esa.

Este tipo de mentalidad todavía sigue presente en algunos lugares del mundo. Craig y yo viajamos hace poco a El Cairo, donde cenamos con un egiptólogo en un restaurante indio. Fue como una escena de una película de Humphrey Bogart. Este egipcio de gran tamaño nos contó en detalle acerca de su esposa que le había dado dos hermosas hijas, y de cuánto amaba a las dos niñas y a su esposa. Después de hacer una pausa para fumar su cigarrillo y soplar un círculo de humo en el aire, nos miró a Craig y a mí y dijo: "Pero ya es hora de que me consiga otra esposa".

Yo pensé en un principio que se trataba de una broma, así que con tacto le pregunté: "¿Por qué querría tener otra esposa?". Su respuesta fue: "Porque la primera no me ha dado hijos varones y yo necesito hijos varones".

Imagínate a Elcana en este tipo de escena machista. Él habría podido deshacerse fácilmente de Ana por no darle el linaje debido que le correspondía, tal como planeaba hacer este hombre egipcio del siglo XXI en conformidad con la ley islámica que le permite tener hasta *cuatro* esposas. En el medio cultural de la época de Elcana, el valor de una mujer dependía de la descendencia que podía engendrar. Ana no daba hijos, Penina sí. Sin embargo, en medio de esta tensa situación, vemos que Elcana amaba a Ana. Él le daba una doble porción.

A pesar de esto, más desgarradora que esta escena es la declaración final del versículo 5: "Jehová no le había concedido tener hijos". ¡Ay! Ahora tenemos un factor de soberanía en plena acción. ¿Podría Dios realmente hacer que una mujer fuera estéril?

Por supuesto que sí. Y eso podría ser parte de su plan bueno y perfecto.

Yo sé lo difícil que puede ser para algunas mujeres leer y meditar en esto. Pero ¿qué si el plan perfecto de Dios es que una mujer nunca tenga hijos? ¿Esto lo hace un Dios poco convincente? ¿Lo hace insuficiente e indiferente? ¿O sigue siendo el Señor soberano de todo?

> ¿Qué si el plan perfecto de Dios es que una mujer nunca tenga hijos? ¿Esto lo hace un Dios poco convincente?

"Jehová no le había concedido tener hijos". Las Escrituras lo dicen llanamente. Pero no dudes por un minuto que Él tenía una razón y un propósito para esto. Se trataba de Dios obrando en su soberanía, llevando a cabo su obra en maneras que eran inescrutables para esta esposa cuyas esperanzas y anhelos, mes tras mes, seguían insatisfechos.

¿Puedes aceptar la voluntad de Dios para tu vida ahora mismo, a pesar de que no sea lo que tú quieres? Tal vez quieras con todas tus fuerzas casarte, pero Dios dice... no. Tal vez ansíes con todo tu corazón tener hijos, pero Dios dice... no. Tal vez anheles profundamente que tu esposo sea sanado de una enfermedad o de otro problema inquietante, pero Dios dice... no.

¿Te lleva esto a dudar de su amor por ti? ¿Empiezas a decirle: "No puedo confiar en ti"? Si tu respuesta es afirmativa... ¿por qué? ¿Porque no es el cajero electrónico de cada petición de oración? ¿Porque no nos da siempre todo lo que queremos? ¿Porque en nuestra naturaleza arrogante suponemos que sabemos lo que es mejor para nosotras? Si todo lo que sucede en nuestra vida pasa por el filtro de su sabiduría, bondad y amor, y así es, ¿podemos confiar en Él? Sin mucha dificultad decimos: "Te amo, Dios", pero con cuánta reticencia logramos decir: "También confío en ti, Dios".

Medidas drásticas

Penina, la otra mujer, era un verdadero suplicio para Ana. Observa qué apelativo usa la Biblia para referirse a ella: "Y su rival la irritaba, enojándola y entristeciéndola, porque Jehová no le había concedido tener hijos"

(v. 6). Las Escrituras no nos dicen con exactitud cómo "irritaba" a Ana, pero podemos usar nuestra imaginación santificada para aproximarnos a la respuesta.

Penina era una mujer fértil con varios hijos e hijas que utilizaba su capacidad de ser madre para atormentar a su rival estéril. Tal vez le dijera cosas como: "Oye, Ana, ¿podrías traerme un poco de agua del pozo? Mis piernas están inflamadas y tengo calambres. Ya sabes cómo es cuando se está embarazada… ah no, disculpa, tú *no* tienes idea de lo que es estar embarazada".

Es probable que las mujeres sarcásticas no hayan cambiado mucho con el paso de los años. ¡Me imagino lo difícil que debía ser vivir, año tras año, bajo el mismo techo con esa mujer!

A veces Dios permite que haya en nuestra vida personas odiosas y, cuando lo hace, tiene sus razones.

¿Cuál habría sido tu perspectiva de las cosas? Si se trataba del plan bueno y perfecto de Dios y tienes que soportar constantemente a esta persona absolutamente insoportable y fastidiosa, ¿dirías que Dios, está cometiendo un error? ¿O quizá te preguntarías lo que Dios está tratando de hacer en ti a través de esta situación intolerable? A veces Dios permite que haya en nuestra vida personas odiosas y, cuando lo hace, tiene sus razones. Estas no son lecciones que me agraden, pero sé que Dios lo hace.

Y esta era la situación de Ana: "Así hacía cada año; cuando subía a la casa de Jehová, [Penina] la irritaba así; por lo cual Ana lloraba, y no comía" (v. 7). No hace falta ser psicólogo clínico para darse cuenta de que Ana estaba deprimida. ¿Alguna vez has estado tan alterada que la comida te produce repulsión? ¿O has llorado con tal intensidad que has quedado sin aliento? Entonces sabes cómo se sentía Ana cuando esta "rival" la atormentaba constantemente al punto de llevarla a la depresión.

"No puedo comer. No puedo parar de llorar. Oh, Dios, ¿cuándo va a parar esto?". ¿Cómo podía Ana seguir adelante?

Elcana, su marido, le decía: "Ana, ¿por qué lloras? ¿por qué no comes? ¿y por qué está afligido tu corazón? ¿No te soy yo mejor que diez hijos?" (v. 8).

Esa es una buena pregunta. Por otro lado, ella con toda seguridad amaba a su esposo. Y, a pesar de eso, no podía evitar sentirse en conflicto. Sabemos que ella vivía en un hogar donde la maternidad era su seguridad, su razón de vivir en esa cultura particular. Ser incapaz de tener un hijo era un problema de profunda vergüenza y de pérdida de valor personal.

El mismo conflicto aparece en otros pasajes de las Escrituras. Raquel le dijo a Jacob que, si ella no iba a tener hijos, prefería morir. Elisabet, la esposa de Zacarías, era consciente de las miradas de desprecio que todo el mundo a su alrededor le lanzaba. Ella pensó quizá que había hecho algo para enojar a Dios. En Lucas leemos que, cuando Juan nació, Elisabet supo que el Señor había quitado "[su] afrenta entre los hombres" (Lucas 1:25). También sabemos que Ana pensaba que su esterilidad era un castigo divino. Esto era más que un simple problema de infertilidad, era un asunto de validación personal. Y ella no estaba siendo validada.

De manera que cuando Elcana le hizo esa pregunta, tal vez mientras sostenía sus manos con los dedos extendidos, ansioso por mostrarle que era tan valioso para ella como "diez hijos", la gran familia que ella no podía tener, la respuesta de Ana fue...

Exacto. Las Escrituras no nos dicen cuál fue su respuesta. Lo único que sabemos es que "se levantó Ana después que hubo comido y bebido en Silo" (v. 9). Ana se levantó. ¿Por qué se tomaría la molestia la Biblia de decirnos en qué posición estaba Ana?

Reconozco que tal vez esté leyendo entre líneas el pasaje, de modo que no lo tomes como una revelación bíblica. Sin embargo, creo que, en algún lugar entre estas palabras, el hecho de que Ana se haya levantado fue como si ella dijera: "Basta. Tengo que encontrar en mi vida la manera de entregar esto a Dios. Tengo que abandonar esto. Voy a ir al templo y voy a postrarme a los pies de Dios".

Tengo la impresión de que ese "levantarse" quería decir: "Voy a levantarme sobre mi confianza en ti". Fue más que su postura corporal; era la posición de su corazón. Era una mujer que sufría "amargura de alma". De manera que "oró a Jehová, y lloró abundantemente" (v. 10).

Me sorprendería que tú misma no hubieras experimentado también lo que significa "amargura de alma", que no recuerdes una ocasión en tu propia vida en la que hayas "orado al Señor y llorado abundantemente". Tal vez hayas llenado de lágrimas tu almohada en medio de la noche. Tal vez te hayas despedido de alguien, para luego ocultar tu rostro entre tus manos y llorar hasta quedar casi sin aliento. Tal vez hayas quedado sola en una casa vacía, tirada en el piso de tu cocina, para derramar tu corazón delante de Dios con la intensidad que solo conoce una mujer afligida.

De modo que, cuando se trata de hablar acerca de la amargura de alma de Ana, la fuerza de su emoción no te resulta extraña. "Dios, estoy tan apabullada que no puedo dar un paso más. Voy a entregar esta carga porque ya no puedo sobrellevarla más. Te ruego, Señor, que por favor te reveles a mí". Esto es algo que todas comprendemos.

Y creo que a nuestro Abba Padre le complacen esas oraciones. Cuando llegamos al punto de solo poder decir "Papá, recógeme en tus brazos eternos y rodéame con tu amor", por fin llegamos al lugar donde Dios puede empezar a hacer algo especial con nosotras. Sí, Él es un Rey grandioso, impresionante, santo y justo. Pero uno de los grandes misterios de nuestra fe es que Él sigue siendo nuestro Padre, lo cual, cabe agregar, nos hace princesas. ¡Yo puedo vivir con eso!

Observa algo más. En el punto culminante de la desesperación de Ana, ella "hizo voto" (v. 11a).

La Biblia habla con frecuencia acerca de hacer votos, y la impresión clara y contundente cuando se toman en su conjunto los pasajes y enseñanzas sobre el tema es este: los votos son un asunto muy serio. Si alguien hace un voto, más vale que lo tome en serio y lo cumpla. "Que vuestro sí sea sí, y vuestro no sea no, para que no caigáis en condenación" (Santiago 5:12). Génesis 24 revela que, al menos en algunas ocasiones, un hombre que hacía un voto en tiempos del Antiguo Testamento ponía su mano bajo el muslo del otro como un acto de compromiso serio e inolvidable. Un voto es una transacción seria.

Y eso era precisamente el voto de Ana:

"Jehová de los ejércitos, si te dignares mirar a la aflicción de tu sierva, y te acordares *de mí, y no te olvidares de tu sierva, sino que dieres a*

tu sierva un hijo varón, yo lo dedicaré a Jehová todos los días de su vida, y no pasará navaja sobre su cabeza" (1 Samuel 1:11).

La mayoría de nosotras habría puesto fin a la oración después de la frase "dieres a tu sierva un hijo varón". Ese es el anhelo evidente, ¿no es así? Pero Ana selló su oración con un voto osado y vehemente, prometiendo que, si Dios la libraba de la burla de su rival dándole un hijo, ella se lo devolvería a Dios.

Haz una pausa y deja que las palabras de Ana pasen del cerebro al corazón. ¿Podrías tú haber orado la oración de Ana? ¿Podrías pedirle a Dios la única cosa que más anhelas de Él, y luego prometerle que se la devolverías a Él que te la dio? ¿Cómo fue Ana capaz de hacer eso?

Ella fue capaz porque el centro de su vida era Dios, porque su relación con el Dios vivo le permitía decir: "Señor, confío en ti. Puedo entregar todo mi ser a ti. Creo a tal punto en tu provisión, compasión y cuidado que, si me das un hijo, yo te demostraré mi amor entregándotelo a ti". Esa es en verdad una oración extraordinaria.

Una oración que podía cambiar el rumbo de una nación.

¿Cuánto y por cuánto tiempo puede soportar la fe?

Trata de imaginar el templo de la época de Ana. No era como el templo que hubo después en Jerusalén, el cual era una estructura construida con madera, piedra y metales preciosos. Cuando leemos que "el sacerdote Elí estaba sentado en una silla junto a un pilar del templo de Jehová" (v. 9b), debes comprender que en lugar de pilares y columnas seguramente había nada más unos linos. De modo que, aunque Ana estuviera en el lugar asignado a las mujeres, el viento que soplaba en el templo podía mover la tela que colgaba, por lo que a Elí le resultaba fácil verla cuando oraba.

Y lo que él vio fue algo que otros habrían podido pensar de nosotras en ciertos momentos de nuestra vida, cuando hemos clamado a Dios pero en absoluto silencio, moviendo nuestros labios sin pronunciar una sola palabra mientras la aflicción de nuestro corazón se filtra desde nuestro interior. A veces nada podemos hacer aparte de musitar lo que queremos decir, porque estamos demasiado alteradas y cansadas para hacer nuestra voz audible delante del trono de gracia de Dios.

Hasta donde Elí sabía, el llanto silencioso de Ana la hacía ver como una mujer ebria. Y decidió acercarse y decírselo. "¿Hasta cuándo estarás ebria? Digiere tu vino" (v. 14).

Imagina cuán exasperante debió ser esto para Ana. Todos estos años ella había soportado un ataque tras otro de Penina, su "rival" con quien compartía el mismo techo. Ahora, cuando acude a la casa de Dios para presentar su caso delante del Señor, el sacerdote mismo la acusa y la trata mal. Incluso sus palabras: "¿Hasta cuándo estarás ebria?", emanan calumnia. Él no la considera alguien que probablemente está ebria por un rato, como una experiencia fuera de lo común. Él da por hecho que ella es una alcohólica, una mujer que no es apta para acercarse al Señor en oración.

Si él me hubiera dicho eso a mí, yo me habría sentido tentada a atacarlo físicamente. ¿Pero Ana? Su respuesta evidencia la piedad de su corazón y fue elocuente al punto que dejó al anciano Elí convencido de la sinceridad de su fe.

"No, señor mío; yo soy una mujer atribulada de espíritu; no he bebido vino ni sidra, sino que he derramado mi alma delante de Jehová" (v. 15). Como un licor que se derrama de una copa, ella describió la profundidad de su desesperación al derramar su alma delante del Señor. "No tengas a tu sierva por una mujer impía; porque por la magnitud de mis congojas y de mi aflicción he hablado hasta ahora" (v. 16).

Tras haber demostrado (como diría más adelante el proverbio) que: "La blanda respuesta quita la ira" (Proverbios 15:1), su espíritu suave y apacible despertó en Elí no una disculpa, pero sí al menos unas palabras alentadoras de promesa: "Ve en paz, y el Dios de Israel te otorgue la petición que le has hecho" (1 Samuel 1:17). En aquellos días se creía que, cuando un sacerdote hacía esta clase de declaración osada, podía recibirse como profética. Ana pudo salir de ese lugar santo con una idea bastante clara de que su oración iba a ser contestada. De modo que "se fue… por su camino, y comió, y no estuvo más triste" (v. 18).

Ahora podemos leer el primer capítulo de 1 Samuel en cinco minutos o menos. Podemos ver el inicio, el desarrollo y el final de la historia sin que se enfríe nuestra taza de café. Pero la verdadera historia de la fe y de la confianza de Ana solo puede verse si se analiza su experiencia a través de los ojos de ella, imaginando el camino lento que llevó al cumplimiento de la promesa de Dios.

> *Y levantándose de mañana, adoraron delante de Jehová, y volvieron y fueron a su casa en Ramá. Y Elcana se llegó a Ana su mujer, y Jehová se acordó de ella. Aconteció que al cumplirse el tiempo, después de haber concebido Ana, dio a luz un hijo* (vv. 19-20).

"Al cumplirse el tiempo". Esto indica probablemente que Ana no quedó embarazada de inmediato. Su fe en la provisión de Dios difícilmente fue una exigencia para decirle que más le valía cumplir antes del fin de la semana o algo similar. En la idea expresada por el antiguo himno, "Obedecer y confiar", de que "no hay sendero mejor", Ana al parecer tuvo que vivir su fe en la bondad de Dios a lo largo de una sucesión de días. "Al cumplirse el tiempo".

¿Tenía razón el sacerdote? Seguir confiando. *¿Concebiré algún día?* Seguir confiando. *¿Tendré el hijo que tanto anhelo?* Seguir confiando. *¡Ay, Penina, hoy no...!* Seguir confiando.

Y por fin, "al cumplirse el tiempo", vino la respuesta de Dios a toda prisa. "Ana, dio a luz un hijo, y le puso por nombre Samuel, diciendo: Por cuanto lo pedí a Jehová" (v. 20).

Aquí y entonces

Conocer esta historia como la conocemos nos permite entender que este no es el final. Aquí no es donde las luces se encienden y aparece la lista de créditos. Ella había ansiado este bebé más de lo que puede expresarse con palabras. Él había dado vueltas en su vientre, había estado girando y pateando y con hipo debajo de su corazón. Ahora tenía los mismos calambres de los que Penina solía quejarse.

Sin embargo, cada golpecito, patada y movimiento había dado lugar a una silenciosa oración de otro tipo, cuando se vio obligada a decir, aún confiada: "Se lo pedí al Señor. Sí, Señor, es tuyo".

No es que Ana haya tenido que renunciar al niño una sola vez el día que se acercaba a pasos agigantados cuando lo entregó a Elí y se marchó con las duras y solitarias consecuencias de su voto. No, ella tuvo que renunciar una y otra y otra vez a su pequeño Samuel, por quien oró.

Esto nos recuerda una profunda realidad: nuestros hijos no nos pertenecen ahora y nunca nos han pertenecido. Pertenecen a Dios. Nosotras simplemente somos partícipes dichosas de su programa de préstamo. Él nos da permiso de tocar sus corazones y sus mentes, de escribir verdad en las tablas de sus vidas, para ayudarles a conocer el amor de Cristo su Salvador, para inspirar en ellos un amor por Dios y su Palabra… y luego se van. Son suyos, y de nadie más.

Nunca olvidaré cuando con Craig fuimos a atender un llamado inesperado a nuestra puerta a las 3:00 de la mañana, y encontramos un policía que nos preguntó: "¿Tienen un hijo que se llama Sam?".

"Sí", dijimos, con una respuesta saturada de temblor y adrenalina.

"Su hijo ha recibido un disparo en la cabeza y no sabemos si está vivo o muerto", reportó el policía.

Durante tres horas, en medio de la noche, Craig y yo recorrimos las montañas Blue Ridge sin saber más y sin manera de saber siquiera si nuestro hijo estaba vivo en ese momento, pero orando en silencio tomados de la mano. Sin embargo, en algún momento de ese recorrido de pesadilla, recuerdo claramente que Dios me recordó suavemente: "Janet, tú sabes que él nunca te perteneció". Y la única manera que yo supe responderle fue diciendo: "Gracias, Padre Dios, porque Sam te conoce como Señor. Si él ya no está, está ausente de su cuerpo y en tu presencia. Si no se ha ido, tú eres el gran Médico, y ya estás con él. Así que te alabo y te doy gracias". El viaje se prolongó durante varias horas. No fue fácil. Y todo fue gracias a Dios, no a mí. Para cuando llegamos a nuestro destino, yo había dejado de aferrarme a la vida de Sam. Había comprendido que él no era mío, sino de Dios.

Para cuando llegamos a nuestro destino, yo había dejado de aferrarme a la vida de Sam.

Cuando él nació, me gustaba pronunciar las palabras de Ana dirigidas a nuestro pequeño Samuel:

"Por este niño oraba, y Jehová me dio lo que le pedí" (v. 27). Cuán fácil había sido hacer esa oración al comienzo de su vida. Pero ¿qué podía suceder si yo tuviera que desprenderme de él antes del tiempo que yo consideraba apropiado?

Gracias a Dios, Sammy se recuperó después de muchos meses de terapia y rehabilitación. Ahora está casado y nos ha dado tres hermosos nietos. Nuestro Dios es definitivamente un Dios asombroso. Pero yo experimenté un poco lo que sintió Ana. E incluso cuando no lo sentimos, incluso cuando olvidamos que nuestros hijos le pertenecen a Dios y no a nosotras, la realidad es la misma.

Esta renuncia, pues, no fue algo que Ana tuviera que hacer una sola vez. Como dice la Biblia:

> *Después subió el varón Elcana con toda su familia, para ofrecer a Jehová el sacrificio acostumbrado y su voto. Pero Ana no subió, sino dijo a su marido: Yo no subiré hasta que el niño sea destetado, para que lo lleve y sea presentado delante de Jehová, y se quede allá para siempre* (vv. 21-22).

El período promedio de destete de un niño en los días de Samuel era alrededor de los tres años de edad. Para Ana, esto significó que probablemente pasó tres años enteros enseñándole cómo hacer sus oraciones, cómo atar sus sandalias, como hacer su cama. Ella le enseñó a juntar sus manos y pronunciar una bendición antes de comer sus alimentos. Le enseñó a adorar en el templo, lo crio en la disciplina y amonestación del Señor. Ella acarició su pequeña frente febril cuando le salió el primer diente. Lo abrazó y lo arrulló cada vez que tuvo la oportunidad. Y cada día, sin falta, ella sabía que se acercaba más y más el momento de entregarlo para siempre.

Imagina cómo sintió ella la pérdida durante los momentos íntimos cuando lo amamantaba. Dios sabía muy bien cuán duro sería esto para ella como madre. Él dijo más adelante a través del profeta Isaías: "¿Se olvidará la mujer de lo que dio a luz, para dejar de compadecerse del hijo de su vientre? Aunque olvide ella, yo nunca me olvidaré de ti" (Isaías 49:15).

Aquí está, el Dios de toda la creación, Aquel que tuvo la idea de amamantar bebés, de crear ese vínculo extraordinario y esa conexión única entre madre e hijo, esos momentos en los que el bebé se duerme en tus brazos, cuando hueles su delicada cabeza y él enrolla sus diminutos dedos en los tuyos. Es posible, dicen las Escrituras, que una mujer olvide lo que sentía en esos momentos. Pero nuestro gran Dios declara que Él nunca olvida. Él sabía lo que Ana estaba experimentando.

Por otro lado, también sabía que ella era una mujer verdadera. Era una mujer centrada en Dios, no en ella misma. Ella tenía un millón de razones para decir: "Ese voto que hice, Dios, ¿recuerdas? Pues he cambiado de parecer. Lo dije en un momento de frustración. Simplemente no puedo hacer eso ahora. Él es ahora mi niño. No voy a renunciar a mi hijo".

Sin embargo, eso no fue lo que hizo Ana. Ella confió en Dios. "Señor, no sé lo que me deparará el futuro, pero sé que el futuro está en tus manos. Tú me diste este hijo y yo voy a cumplir mi voto. Voy a devolvértelo y él será tuyo todos los días de su vida".

Ella dijo: "Sí, Señor".

Y, al hacerlo, se convirtió en un ejemplo admirable de mujer verdadera.

> *Después que lo hubo destetado, lo llevó consigo, con tres becerros, un efa de harina, y una vasija de vino, y lo trajo a la casa de Jehová en Silo; y el niño era pequeño. Y matando el becerro, trajeron el niño a Elí. Y ella dijo: ¡Oh, señor mío! Vive tu alma, señor mío, yo soy aquella mujer que estuvo aquí junto a ti orando a Jehová. Por este niño oraba, y Jehová me dio lo que le pedí. Yo, pues, lo dedico también a Jehová; todos los días que viva, será de Jehová* (vv. 24-28).

Más adelante en el relato leemos que "el joven Samuel ministraba en la presencia de Jehová, vestido de un efod de lino. Y le hacía su madre una túnica pequeña y se la traía cada año, cuando subía con su marido para ofrecer el sacrificio acostumbrado" (2:18-19). La Biblia podría haber narrado los hechos en un estilo periodístico y mencionar únicamente una túnica, pero el hecho de que la Palabra inspirada de Dios la llamara "pequeña" nos recuerda, como mujeres, que Samuel todavía era un niño pequeño. Una vez al año, su madre lo visitaba y le llevaba un regalo. ¿Puedes oír su conversación? "Oh, Samuel, ¡cómo has crecido! Oh, Samuel, ¡nunca me había percatado de cuán azules son tus ojos! Oh, Samuel, ¿te acuerdas de mí? Oh, Samuel, tú le perteneces a Dios".

Cuando regresaban a Ramá, tal vez a lo largo del trayecto ella pensaba: "Un año más para volver a verlo...". O tal vez pensaba: "Oh, Dios, eres tan bueno y misericordioso. Me diste lo que te pedí en oración. ¡Es un gozo poder volver y entregártelo!". Por alguna razón me parece que ella diría más bien lo último.

> *Y Elí bendijo a Elcana y a su mujer, diciendo: Jehová te dé hijos de esta mujer en lugar del que pidió a Jehová. Y se volvieron a su casa. Y visitó Jehová a Ana, y ella concibió, y dio a luz tres hijos y dos hijas. Y el joven Samuel crecía delante de Jehová* (vv. 20-21).

No, cuando Ana renunció a su hijo, no sabía que Dios en su gracia satisfaría su anhelo de tener hijos, pero mira cuán generoso es Dios, cómo proveyó de manera tan extraordinaria y más abundante de lo que podíamos pedir o imaginar. "Ana, ¿confías en mí? Ana, ¿estás dispuesta a entregármelo todo?". Y Dios fue fiel para colmar su vida con más bendiciones de lo que su corazón podía contener.

Las oraciones de una madre

Existe un hermoso paralelo entre la historia de Ana y la de Jocabed, la madre de Moisés. Después de ocultar a su bebé por causa del decreto que emitió el faraón en su enojo, Jocabed no pudo esconderlo más y lo puso en una canasta, la cual llevó a las aguas del Nilo bajo la supervisión de su hija María, y con este gesto ella entregó su bebé al cuidado y la protección del Señor.

Como recordarás, la hija del faraón estaba "precisamente" en las cercanías tomando un baño. Al ver al bebé en la canasta y sentir el deseo de quedarse con él, dijo: "Necesito que alguien me críe este niño". María intervino, y ofreció: "¡Yo conozco precisamente a una nodriza de las hebreas que vive cerca y puede hacer este trabajo!". De modo que Jocabed recibió su bebé de vuelta, pero solo durante un tiempo, los mismos años que Ana tuvo para derramar su corazón y su alma en su hijo, y prepararlo para el llamado que Dios había dispuesto para su vida.

Las oraciones de una madre. Las oraciones de Jocabed, pidiendo que su hijo fuera usado por Dios para liberar a los hebreos del yugo de esclavitud. Las oraciones de Ana, pidiendo que su hijo diera inicio a una nueva era de justicia y estabilidad a la errante y conflictiva nación de Israel. Las oraciones de María, pidiendo que su Hijo no solo transformara naciones sino el mundo entero.

Ya sea que tengas hijos biológicos o no, todas somos madres espirituales.

Las oraciones de una madre justa en verdad pueden mucho.

Ya sea que tengas hijos biológicos o no, todas somos madres espirituales. Y todas podemos orar, seamos solteras, mujeres con muchos hijos, o mujeres que nunca han dado a luz sus propios hijos. Dios nos ha puesto en la posición de ser verdaderas mujeres de oración a favor de aquellos que Él ha confiado a nuestro cuidado. Y cuando estemos al fin en la gloria, podremos encontrarnos con los amados por quienes hemos orado con tanta fidelidad.

La historia de Ana nos enseña lo que significa ser una verdadera mujer de Dios. Ella renunció a sus propios planes. Ella sabía que Dios estaba a cargo de todo, no ella. Ella creyó en Él lo suficiente para decirle sí, aun cuando la desesperación la había llevado más allá de su zona de confort y a pedir lo impensable.

La maternidad nos permite experimentar los sentimientos que acompañan las mantas suaves, los sonajeros de bebé y los juguetes junto a la cuna. Pero la maternidad es en realidad uno de los fuegos purificadores de Dios. La realidad de la maternidad es que es un lugar para aprender la renuncia, la entrega, la confianza y la fe en que Dios es Dios.

Y puesto que Dios está allí presente, la maternidad nos brinda la oportunidad de interactuar con la historia. Nuestras oraciones no solo se vuelven parte de la protección de nuestros hijos del mal y de los peligros que ellos mismos buscan. Cuando Dios tiene el control, nuestras oraciones por nuestros hijos pueden dejar huella en nuestra nación. Las mujeres verdaderas, como Ana, confían en Dios lo suficiente para creer que Él tiene grandes cosas planeadas para los hijos que nos ha dado, hijos que vamos a devolver a Él para que los use, para el reino, para su gloria.

CAPÍTULO 6

La elección de la fe en momentos de cambio

Karen Loritts

Estaba decidida. No iba a dejar que el nido vacío me tomara por sorpresa. Iba a prepararme para ello y esperarlo con ilusión. Iba a hacerlo bien.

Nuestra hija menor acababa de empezar la secundaria, lo cual nos daba cuatro años más para que se hiciera oficial el nido vacío, lista para volver a disfrutar como tórtolos con mi amor, como había sido antes de los hijos. Había oído historias de mis amigas que habían pasado ya por la menopausia y el nido vacío. Algunas decían que era como una especie de enfermedad que te invade, pero yo era demasiado ingeniosa para dejar que eso me sucediera. Contaba con suficiente tiempo para enfrentar el problema y prepararme con anticipación para estar lista.

Todo iba a salir de maravilla. Lo sabía.

Al fin llegó el día en que Holly, nuestra hija menor, se graduaba de la secundaria. Y como toda madre que prepara a su hijo para ir a la universidad, al trabajo o al ejército, me lancé a ayudarle a prepararse para su siguiente etapa en la vida. Mi trabajo de aquel verano consistió en equipar su dormitorio: cortinas, cubrecamas, todas las cosas que una jovencita universitaria necesita para instalar su nuevo "hogar" a su gusto.

Empezamos en junio, seguimos en julio, y por fin llegó el 14 de agosto, el día que empacamos todas las cosas de mi niña en el auto y la llevamos a la universidad para empezar sus estudios de premedicina.

No digo que fuera fácil. Nos quedamos unos días para ayudarle a instalarse. Nos despedimos y lloramos un poco. Pero yo había estado trabajando cuatro años preparándome para eso. No sentí que me hubiera tomado por sorpresa. Yo había resuelto enfrentar este desafío como lo había hecho con todos los anteriores.

Me repetí a mí misma que todo iba a estar bien. Grandioso. Lo sabía.

Regresamos a casa. Llegó septiembre. Estaba limpiando, organizando, avanzando en cosas que había postergado durante muchos años. Mi plan parecía funcionar. La casa estaba silenciosa, tal como se esperaba. El nido estaba vacío, tal como estaba previsto. Crawford y yo nos teníamos el uno al otro, una vez más, tal como me lo había imaginado.

Entonces llegó el 19 de octubre. Cuando llega un día como este, no es posible aproximar la cifra a diez o veinte. No se puede agrupar en un rango general de tiempo, como "en algún momento a mediados del mes". Fue exactamente el 19 de octubre. Ni un día antes, ni un día después.

Fue horrible.

El día *empezó* bien y normal, lo que yo llamaría mi *nuevo* normal, después de muchos años de tener hijos por toda la casa. Estaba sentada en mi habitación en un momento devocional, sentada en la misma silla, en la misma mesa, leyendo la misma Biblia. Cuando menos lo pensé, rodaban lágrimas sobre las páginas. Ni siquiera entendí cómo sucedió. Y apenas me di cuenta de lo que sucedía, las pocas lágrimas se convirtieron en torrentes. Estaba sollozando, sin poder detenerme. Y no sabía por qué. Solo recuerdo que pregunté en voz alta: "Señor, ¿qué me está pasando?".

De la nada, brotó miedo de mis entrañas mientras continuaba derramando lágrimas sin parar. ¿Era mi período del mes? No. Crawford estaba fuera de casa, pero así habíamos funcionado normalmente desde que yo tenía memoria. En esa época, él trabajaba como parte del equipo de Cruzada Estudiantil para Cristo y, por lo general, se ausentaba de casa entre diez y quince días al mes. No era eso.

Aquello era muy extraño, como si las paredes me hablaran, como si al fin la casa estuviera lo suficientemente tranquila para que yo escuchara el silencio. Y por primera vez en mucho, muchísimo tiempo, me sentí terriblemente sola. Terriblemente sola. Luego, la preocupación y el temor empezaron a envolverme como una capa. A pesar de todo mi esfuerzo y preparación, no había podido eludir la única cosa que había resuelto que no me sobreviniera.

No había otra forma de decirlo. Estaba experimentando un colapso emocional.

Malas compañías

Para cuando tuvo lugar este desconcertante episodio de mi vida, al igual que en los difíciles meses que siguieron, yo llevaba más de treinta años en el ministerio. Así que un colapso emocional no era algo que a mi parecer una mujer como yo debía experimentar. Y me tomó mucho tiempo aceptar esto y reconocerlo.

Aunque algunos días no sentía deseos de levantarme de la cama, no quería decirle a mi esposo lo que me sucedía. Él es la clase de hombre que por amor a mí y por su deseo de protegerme habría buscado la manera de arreglarlo. Yo no quería que él tratara de arreglarlo. Yo quería superarlo por mí misma sin que nadie lo supiera.

Traté de hacer en público, e incluso en privado, todo lo que se esperaba que yo hiciera. Seguí orando. Seguí con mi agenda de conferencias. Crawford y yo terminamos un libro acerca de la paternidad que habíamos estado escribiendo. Sin embargo, a pesar de que intenté esforzarme y cumplir con mis deberes, no podía desprenderme de este sentimiento profundo en mi pecho, un miedo que me aprisionaba y rehusaba irse.

Déjame decirte algo acerca del miedo. Por lo general, no viene solo. Muchas veces viene acompañado. Y, a lo largo de este debilitamiento emocional, identifiqué por lo menos diez "cómplices del miedo" que suelen viajar juntos cuando somos presa de la ansiedad y la soledad. Observa si quizá tú también has encontrado algunos de estos "cómplices del miedo", y mira si han producido en ti algunos efectos similares:

1. *El miedo distorsiona la realidad.* Uno de los primeros pensamientos que recuerdo haber tenido, cuando el miedo empezó a invadirme, fue el 14 de agosto al dejar a mi hija menor en la universidad, y

este pensamiento fue que yo ya no era madre. Con mis tres hijos adultos ya casados y mi hija en la universidad, sentí que toda mi identidad se había esfumado. El miedo trata de convencerte de que las cosas que consideras ciertas no son en realidad lo que aparentan ser.

2. *El miedo nos vuelve víctimas.* El miedo trata de apalearte. Ventila todo tipo de inseguridades y deficiencias, y luego las presenta de manera desproporcionada. Te hace sentir que no puedes hacer nada bien, aun cosas que solías hacer con gran naturalidad.
3. *El miedo añade estrés.* Te afecta física, emocional y espiritualmente, incluso con síntomas como presión arterial elevada, acidez y otros problemas causados por el estrés. Te invade.
4. *El miedo produce duda.* Dios seguía a mi lado cuando sufrí el colapso emocional, pero el miedo me tentaba a creer que Él me había abandonado.
5. *El miedo nos paraliza.* Nos inmoviliza y nos paraliza. Te sientes estancada e incapaz de avanzar.
6. *El miedo reemplaza la fe.* Durante el período en el que el miedo más me aplastaba, olvidaba que el amor perfecto echa fuera el temor.
7. *El miedo nos decepciona.* El miedo quita más de lo que da y nos deja con las manos vacías a cambio de toda la preocupación y el estrés que provoca.
8. *El miedo nos vuelve inseguras del éxito.* El miedo no solo te encamina al fracaso, sino que te hace temer avanzar. Te vuelve aprensiva y desconfiada de cualquier tipo de mejora, te hace dudar que cualquier progreso en tu perspectiva en la vida sea real o duradero.
9. *El miedo llena nuestro corazón de desesperanza.* El miedo tiene la capacidad de hacerte sentir absolutamente desvalida y sin esperanza, incapaz de recibir consuelo para creer la verdad o esperar un nuevo día mejor.
10. *El miedo roba y destruye.* El miedo nos hace desear retraernos a un pozo sin fondo. El miedo nos roba el gozo, la victoria y la bendición, y nos deja vacías y decaídas.

El miedo enfrenta su oponente

Con esta clase de oposición a mi alrededor, yo sabía que tenía un grave problema. Sin embargo, sabía que necesitaba levantarme de la cama, creer en Dios y confiar en Él con cada fibra de mi ser. Sabía que no podía dejar que este sentimiento de desaliento y derrota se convirtiera en mi nueva forma de recibir cada mañana y de enfrentar cada desafío. Así que un día, sin ganas aún, saqué mi Biblia del lugar donde acostumbro guardarla y leí algunos apartes conocidos que curiosamente había olvidado al estar bajo la opresión del temor.

- *"Jehová es mi luz y mi salvación; ¿de quién temeré? Jehová es la fortaleza de mi vida; ¿de quién he de atemorizarme?... Aunque un ejército acampe contra mí, no temerá mi corazón; aunque contra mí se levante guerra, yo estaré confiado"* (Salmo 27:1, 3).

- *"Por nada estéis afanosos, sino sean conocidas vuestras peticiones delante de Dios en toda oración y ruego, con acción de gracias"* (Filipenses 4:6). Una paráfrasis alternativa sería: "Presenta tus temores a Dios".

- *"No temas, porque yo estoy contigo; no desmayes, porque yo soy tu Dios que te esfuerzo; siempre te ayudaré, siempre te sustentaré con la diestra de mi justicia"* (Isaías 41:10).

- Estando los hijos de Israel rodeados por montañas, mar y el ejército egipcio que los perseguía, Moisés les dijo en medio del revuelo: *"Jehová peleará por vosotros, y vosotros estaréis tranquilos"* (Éxodo 14:14). ¡Quédate tranquila y verás el poder de Dios obrando a favor tuyo!

Eso fue lo que hice. Le dije a Dios que iba a quedarme callada, que ya no iba a decir nada más. Ya era suficiente. No iba a permitir más que el miedo me controlara y me robara el gozo y la bendición. En vez de eso, tomé tres decisiones delante de Dios:

1. *Prometo que no voy a avergonzarte, Señor.* No voy a permitir que el miedo me lleve a actuar, hablar o sugerir algo que deshonre tu nombre o tu poder para librar a tu pueblo de la esclavitud.
2. *Prometo que no voy a avergonzar a mi esposo.* El 22 de mayo de 1971 hice un pacto de amar, honrar y obedecer a este hombre en salud y en enfermedad, en riqueza y en pobreza. Hice un voto para amarlo sin importar las hormonas, el síndrome premenstrual, el nido vacío ni cualquier otra circunstancia. Voy a amar a mi marido como tú quieres que yo lo ame.
3. *Prometo que no voy a avergonzarme a mí misma.* Conozco demasiado acerca de ti, Señor, y de los prodigios que has hecho para salvarme. No voy a permitir que el miedo me lleve a devaluar y a restar importancia a la obra que tú has hecho para sostenerme hasta ahora.

A todas luces, yo era alguien que no debía estar en el radar de Dios. Nací en la jungla de asfalto de Filadelfia en brazos de una adolescente soltera. Mi madre tuvo un breve romance con un hombre mayor, del cual quedó embarazada, pero no quiso casarse con él. Después de mí tuvo dos hijos más, todos de padres diferentes. De modo que en mis años de crecimiento íbamos y veníamos de la casa de mi abuela, de la casa de una tía, de todo el que pudiera ayudar a mi madre a sobrevivir como madre soltera.

A los diez años yo prácticamente criaba a mis dos hermanos menores. Era como un cachorro perdido que buscaba amor y aceptación, pero que solo encontraba desesperanza y desesperación. En algún momento decidí suicidarme, pero me dio demasiado miedo tomar las pastillas que había coleccionado. Decidí huir, pero tenía demasiado miedo de la oscuridad.

Fue entonces que seguramente Dios dijo: "Voy a salvar a esta joven antes de que se lastime de verdad". Y lo hizo.

El grupo de jóvenes de mi iglesia había decidido participar en un evento especial que tenía lugar en otra iglesia. Sin embargo, llegamos tarde por una tormenta de nieve y, puesto que muchas personas se habían juntado en la parte trasera del recinto, terminamos sentándonos en la primera fila.

Había cuatro mil jóvenes en ese lugar escuchando a Thurlow Spurr y su grupo, los Spurrlows. Pero, cuando llegó a la predicación, hablando con toda sencillez y claridad acerca de Juan 3:16, sentí como si mi nombre estuviera impreso en el versículo, como si "de tal manera amó Dios al mundo" quisiera decir "de tal manera me amó Dios…".

Le advertí al miedo que no iba a permitir que me esclavizara.

Aquel hombre me estaba diciendo que el Dios de la historia había descendido y había muerto en la cruz por una chica negra y flaca de Filadelfia, y que lo único que yo tenía que hacer para conocer a este Dios amoroso era buscarlo y recibirlo.

Yo nunca había conocido a un padre que me amara y que quisiera tenerme cerca. Mi madre no era el tipo de persona que expresara amor con facilidad a sus hijos. Nunca recuerdo que me haya abrazado. No recuerdo que me haya dicho jamás que me amaba. Pero ese día de invierno, en marzo de 1965, conocí a Aquel que había dicho a su Padre: "Al que a mí viene, no le echo fuera" (Juan 6:37). Ese día me convertí en una nueva persona por el poder y la gracia de Dios.

Y estando de pie en mi casa años después, resuelta a no avergonzar a Dios, a mi esposo o a mí misma, le advertí al miedo que no iba a permitir que me esclavizara, que no iba a obligarme a cumplir sus exigencias, que no iba a hacerme olvidar lo que mi Padre había hecho por mí en Jesucristo.

Hay que tener determinación

Esto fue lo que Dios me mostró si yo quería cumplir lo que había resuelto hacer. Y si estás enfrentando en este momento la misma clase de temor que yo enfrenté aquel otoño reciente y horrible, o algo peor, te animo a asumir esta actitud de sometimiento para alcanzar la victoria.

En vez de oír mi propia voz, yo tenía que empezar a hablarme a mí misma.

Empecé con ir al espejo del baño y decir: "Yo sé que Dios me ama. Sí, ahora mismo tengo miedo, miedo de avanzar, miedo de ser franca, miedo de lo que me depara el futuro. No sé lo que va a suceder más adelante, pero sé que, si Él puede dividir el Mar Rojo y resucitar a Jesús, Él puede con toda certeza encargarse de los problemas que tengo, aun de este insoportable peso de temor, vacío y soledad que siento, y llevarme a caminar de tal modo que no lo avergüence".

Y con su ayuda constante y fiel, eso fue lo que hice. Estaba resuelta, y Él me capacitó para llevarlo a cabo. Y tú también puedes, al poner en práctica los mandatos bíblicos que encontramos en Santiago 4:7-10:

> *Someteos, pues, a Dios; resistid al diablo, y huirá de vosotros. Acercaos a Dios, y él se acercará a vosotros. Pecadores, limpiad las manos; y vosotros los de doble ánimo, purificad vuestros corazones. Afligíos, y lamentad, y llorad. Vuestra risa se convierta en lloro, y vuestro gozo en tristeza. Humillaos delante del Señor, y él os exaltará.*

1. Sométete a Dios. Al final tuve que levantar mi bandera de rendición y decir: "Señor, me rindo. Me someto a ti. Reconozco que no soy lo bastante lista para salir de esto". Doblar la rodilla debe ser nuestra mentalidad y la actitud de nuestro corazón si queremos conquistar el miedo en nuestra vida.

Te insto a entregarlo todo y a rendirte al Señor. Él entiende. Y Él sabe lo que hay que hacer.

2. Resiste al diablo... y él "huirá". La Palabra no dice que *tal vez* huya, que *puede ser que* huya, o *va a pensar* si huye. Dios asegura que el diablo *huirá*.

Así que hazle frente al enemigo en el santo y poderoso nombre del Señor resucitado, negándote a ser su víctima. ¡Eres victoriosa en Cristo! Prepárate para asumir tu posición. Prepárate para una batalla diaria vistiéndote de la armadura de Dios. No permitas que la preocupación te venza, no cedas más a la queja. Ármate para la guerra. Y, por encima de todo, no tengas miedo. El Señor está contigo.

3. Acércate a Dios. Puedes estar segura de su cercanía, sin importar cuánta presión te impongan tus temores. Sin embargo, debes tener en cuenta que acercarse a Dios requiere esfuerzo y fe. Puedo garantizarte que aun en medio de mi colapso emocional yo persistí en guardar mis tiempos devocionales, traté de orar y de permanecer en la Palabra. Sin embargo, fue fácil pensar que mis oraciones no iban a ninguna parte, que las palabras de las Escrituras que leía eran vacías y carentes de sentido.

Resiste la tentación de permitir que ese regodeo en la autocompasión ahogue lo que Dios trata de decir y te haga dudar de la confiabilidad de su Palabra y de la cercanía de su presencia. No creas lo que proclaman las voces del miedo cuando te dicen que no vales nada, que no eres madre solo porque tus hijos han crecido, que no vales porque tu esposo te ha dejado. Acércate a Dios en esos momentos de quietud y pídele que traiga a otras personas que puedan orar contigo. Él está ahí. Él está aquí. Acércate.

4. Limpia tus manos. Al diablo le encanta añadir más y más a los problemas que ya te está causando. Por eso te seduce para que cedas a pecados que solamente magnifican el miedo haciéndote sentir que Dios te rechaza, que eres indigna de su amor y de su gracia por lo que has hecho. Arrepiéntete de tu pecado y recibe el perdón completo que promete su salvación: la libertad de la ley y de toda condenación.

5. Purifica tu corazón. Yo fui una mujer amargada y viví enojada por muchos años, especialmente contra mi madre. Como dije anteriormente, la vida con ella no fue fácil. Ahora entiendo que ella no podía dar lo que no tenía, pero por mucho tiempo yo estaba demasiado resentida contra ella para perdonar todo lo que me había impuesto, todo lo que ella había hecho... y lo que no había hecho. Incluso después de casarme y de quedar fuera de su influencia, mi amargura hacia ella seguía afectándome desde mi interior.

Crawford y yo nos habíamos mudado desde Pennsylvania a Texas para participar en la fundación de iglesias. Y, en medio del trabajo que hacíamos, hasta los detalles más pequeños me llevaban a recordar toda la basura que yo había tenido que soportar siendo niña por causa de una madre que luchaba con las decepciones de la vida. Al mismo tiempo, con frecuencia me preguntaba por qué tenía que luchar tanto para comprender el amor de Dios por mí, por qué era tan difícil para mí cumplir mi compromiso con Él.

No obstante, en el fondo yo sabía por qué no estaba experimentando la presencia de Dios en mi vida. Yo albergaba amargura y enojo contra mi madre.

Un día me senté y escribí una carta para decirle que la amaba. Eso fue un gran logro para mí. Este acto me permitió liberarme de gran parte del resentimiento reprimido que había escondido y acumulado a lo largo de los años. Y aunque ella nunca contestó la carta, nunca me abrazó ni me dio gracias, a pesar de que vi la carta abierta en su cómoda, yo fui capaz de vivir con eso. Mi corazón era puro. Quedé libre de amargura. Dejé de condenarla por lo que había hecho.

En 1 Juan 1:9 aprendemos que limpiar nuestras manos y purificar nuestro corazón significa confesar nuestro pecado de manera específica a Dios, como yo lo hice: "Dios, estoy enojada y resentida contra mi madre cuando pienso en la manera como me crio. Una niña de diez años no tiene por qué criar a sus hermanos. Estuvo mal que yo tuviera que asumir responsabilidades adultas a una tierna edad. Pero yo la perdono. Y confieso mi propio pecado al seguir con amargura y enojo contra ella todos estos años".

Hay libertad en la confesión sincera. Es como si alguien abriera la puerta de una prisión y te dejara salir al sol después de años de estar recluida en aislamiento y oscuridad. El miedo siempre nos mantendrá en sus garras hasta que con toda sinceridad roguemos a Dios diciendo: "Crea en mí, oh Dios, un corazón limpio, y renueva un espíritu recto dentro de mí" (Salmo 51:10). Nuestros corazones, motivos y pensamientos deben ser purificados si queremos ser libres del miedo y evitar deshonrar a nuestro Señor o a nosotras mismas.

Cuando sufrí mi colapso emocional fui tan orgullosa que no pude contarle ni siquiera a mis mejores amigas lo que me sucedía.

6. Humíllate. Cuando sufrí mi colapso emocional fui tan orgullosa que no pude contarle ni siquiera a mis mejores amigas lo que me sucedía. Yo pertenezco a un grupo de mujeres, somos unas catorce, que nos hemos reunido durante casi treinta años para ayudarnos mutuamente a sobrellevar nuestras cargas. Nos autodenominamos "las Rocas", por la historia de las piedras conmemorativas que los hijos de Israel dejaron en el río Jordán después que el Señor dividió las aguas y les permitió atravesar el río y pasar a la tierra prometida. Nuestro deseo todos estos años ha sido dejar huella de la bondad y la fidelidad de Dios en nuestros hijos, especialmente en nuestras hijas, a fin de que nunca duden del amor y del poder del Señor. Juntas hemos pasado por el entrenamiento de nuestros hijos en usar el baño, fiestas de bienvenida para futuros bebés, bodas, graduaciones, algunos divorcios (desafortunadamente), problemas graves con algunos hijos, y todo lo hemos vivido juntas. Ahora todas somos abuelas.

Cada año en noviembre, las Rocas dedicamos unos días para un retiro anual. Nos reímos, nos ponemos al corriente sobre la vida de cada una, intercambiamos anécdotas, oramos las unas por las otras. Y aunque somos abiertas a todo y estamos disponibles para hablar acerca de cualquier tema que haga falta, yo no logré contarles acerca de la gravedad con que yo padecía la opresión del temor. El orgullo me llevó a pensar que mis amigas tendrían una opinión desfavorable de mí si se enteraban de lo que yo era capaz de sentir y aquello a lo que había sucumbido. Al final asistí al encuentro en noviembre, pero me reservé todo con mucho hermetismo.

Decir que "todo está bien" no es el camino para librarnos del miedo que puede invadirnos, no cuando nos inunda de ansiedad y preocupación, y nos paraliza para impedirnos acudir a otros o incluso a Dios mismo.

No todo es bueno, pero todo está en las manos de Dios

El 19 de octubre no fue el fin sino el comienzo de mi colapso emocional. Noviembre es el mes de mi cumpleaños y decidí comenzar el calendario a partir de ese punto, obligándome a proseguir con mis citas médicas anuales que incluían mis exámenes rutinarios de ginecología, medicina interna y pruebas de laboratorio.

El ginecólogo me dio un buen reporte, pero ordenó una mamografía, que nunca ha pasado de ser una molestia pasajera. Pero esta vez recibí una llamada. Algo había aparecido en mi mamografía y tenía que volver para otro examen. Sin embargo, no había citas disponibles en las tres semanas siguientes. ¿Qué crees que opinaban mis miedos acerca de esto?

El reporte del médico internista no fue más alentador. En general, yo estaba bien, dijo el médico, excepto que tenía que bajar de peso, bajar el colesterol y supervisar mi presión arterial. En realidad, me estaba convirtiendo en una anciana diez años antes de lo esperado, viviendo de añoranzas, llorando y preguntándome: "¿Qué me está pasando? Sufrí un colapso emocional en octubre y ahora un colapso médico en noviembre. ¿Lograré llegar al final del año?".

El Señor definitivamente había captado mi atención.

Tal vez tú hayas pasado por lo mismo. Por lo general, las crisis no aparecen de una en una, como una serie de platos que nos permite concentrar toda nuestra energía en tratar una sola. Las mías acostumbran a aparecer como un bufete completo, una tras otra, a veces todas juntas.

Bastó ponerme frente a ese espejo donde volví a hablar conmigo misma y me dije: "¿Sabes qué, Karen? Eres una cobarde. Has estado quejándote y lloriqueando por todo lo que te sucede. Tal vez ha llegado la hora de dejar de pararte en esas conferencias tratando de convencer a todos de que tienes todo bajo control en Jesús cuando en realidad tu vida se desmorona. Tal vez ya es hora de derrumbar este muro de orgullo y de humillarte delante del Señor".

Y eso fue lo que hice. Dije: "Dios, me rindo. No sé qué hacer. Pero yo sé que *tú* sí sabes. Así que me humillo delante de ti. Haz lo que quieras conmigo".

Así es exactamente como Él me quería. Hacía falta que yo me desplomara con humildad delante del Señor.

No sé cuál será tu problema. Puede que sea un conflicto constante con tu esposo. Puede que sea con uno de tus hijos. Puede ser cualquier cosa. Pero si te sometes y te acercas a Dios, resistes al diablo, limpias tus manos, purificas tu corazón y te humillas, estarás en la posición exacta en la que Dios te quiere. Y entonces habrá esperanza.

No hay nada que nuestro Dios no pueda hacer.

Cuando a Josué se le asignó la tarea de asumir el liderazgo del pueblo hebreo tras la muerte de Moisés, seguramente sus miedos se despertaron como nunca antes. Hasta entonces siempre había sido Moisés, el confiable Moisés, el grandioso Moisés. Difícilmente Josué pudo haberse sentido capaz de ocupar el lugar de un hombre que los había guiado tan lejos y tan bien. Pero Dios estuvo con Josué desde el primer instante, recordándole sin cesar: "Esfuérzate y sé valiente… esfuérzate y sé *muy* valiente… no temas ni desmayes, porque Jehová tu Dios estará contigo en dondequiera que vayas" (Josué 1:6-7, 9).

De todos los asuntos que tenemos que resolver en los momentos más duros de la vida cuando nuestros miedos se exacerban al máximo, el primero es tomar la determinación de rendirnos. Deja de escucharte a ti misma y empieza a dialogar contigo misma. Deja que Dios sea Dios, y el miedo acabará por inclinarse ante Aquel que lo conquista.

CAPÍTULO 7

Las joyas de Dios

Joni Eareckson Tada

No lejos de la granja en Maryland donde crecí había una cantera de piedra llamada Sylvan Dell. Cuando era pequeña, mis hermanas y yo cabalgábamos con mucha frecuencia en ese lugar. Papá nos decía que tuviéramos la cautela de permanecer en el sendero cuando salíamos, porque a tan solo tres metros del camino había un despeñadero escarpado que llegaba hasta el fondo de la cantera.

La cantera era un lugar bullicioso y concurrido. Había mucho martilleo, mucho polvo, mucho trabajo y sudor. Por todas partes había excavadoras de vapor y grandes camiones que transportaban rocas de un lado a otro, los cuales proveían las losas para los nuevos proyectos urbanísticos que trazaban la tierra de labranza de Maryland.

Aquella cantera no solo producía material de construcción, sino también hermosos cristales de cuarzo. Cuando cabalgábamos en las cercanías, había pequeños trozos de cuarzo brillante a los lados del sendero que resplandecían con la luz del sol. Nos bajábamos de los caballos para tocarlos y para verlos de cerca, y nos gustaba imaginar que eran diamantes, como si alguien hubiera abierto un baúl de tesoros y esparcido joyas preciosas por todas partes.

Eso me llevaba a pensar en la antigua canción de escuela dominical que solíamos entonar:

Cuando Él venga, cuando Él venga
a formar sus joyas, todas sus joyas,
joyas preciosas,
suyas y amadas.

Como estrellas de la mañana,
adornan su esplendorosa corona,
brillarán con su belleza,
joyas para su corona.[1]

La Biblia habla acerca de esto precisamente, de esta visión esplendorosa, sublime y gloriosa. Malaquías 3 describe cómo el Señor tiene un libro en el que están escritos todos los nombres de quienes lo aman. Y Él llama a estas personas su "especial tesoro", sus joyas (vv. 16-17).

Pero ¿cómo nos convertimos en joyas que brillan para el Rey? ¿Cómo nos convertimos en tesoros que brillan realmente?

Limpiar problemas

Quizá no seamos tan aficionadas a las joyas ostentosas como algunas mujeres, pero a mí definitivamente me gusta mantener brillante mi anillo de bodas. Cuando empieza a opacarse y a perder su brillo, lo que hago para devolvérselo es frotarlo con un cepillo de dientes.

Una joya de verdad, como esa, requiere una limpieza vigorosa. Las joyas verdaderas no son tan delicadas como pensamos. Por eso Dios puede decir, como en Zacarías 13:9: "los fundiré como se funde la plata, y los probaré como se prueba el oro". Yo anhelo ser una joya que no se mengua cuando, de vez en cuando, Dios decide purificar a fondo mi alma.

Ahora bien, no estoy glorificando el sufrimiento que supone la purificación de mi fe. Pero sí *estoy* glorificando al Dios cuya imagen se refleja en la superficie de una sonrisa que ha costado batallas con sufrimientos y problemas. Si quieres brillar con su gloria, esto ha de lograrse en sus propios términos. Será el brillo de *su* piedad en tu vida, de *su* paciencia, de *su* perseverancia, que resplandecen en tus ojos.

1. "When He Cometh", letra de William O. Cushing (1823–1902).

Esta convicción de que el Padre es digno de mi confianza y de mi obediencia sin importar cuán dolorosa sea la prueba, este llamado a ser purificada como la plata y probada como el oro, es algo que me han enseñado mis cuarenta años en una silla de ruedas. Como un trozo de roca extraído de la cantera, mi alma no es tan delicada como me gustaría creer que lo es.

A veces pienso: "Señor, soy tetrapléjica. Trátame con cuidado". Pero no, mi alma puede soportar una limpieza vigorosa… porque todavía no soy una obra acabada. De modo que Él permite el sufrimiento. Él me permite experimentar luchas como el confinamiento y la claustrofobia. Puede que Él permita que tengas que soportar un nervio comprimido que no sana, una prueba de embarazo que (otra vez) sale negativa, una esclerosis múltiple que no decrece, un adolescente que sigue consumiendo drogas a escondidas, un padre con Alzheimer que no retorna, un matrimonio que nunca mejora, un ascenso en el trabajo que nunca llega, un anillo de compromiso que no pasa de ser una ilusión que nunca llega.

"Señor, soy tetrapléjica. Trátame con cuidado".

Yo sé que esa es la manera como Él me ha tratado. Mi parálisis nunca ha desaparecido y déjame decirte que ha sido una limpieza abrasiva. Tal vez los problemas que tú enfrentas hoy no son menos dolorosos.

Job tenía razón cuando dijo: "como las chispas se levantan para volar por el aire, así el hombre nace para la aflicción" (Job 5:7). Jesús tenía razón cuando dijo: "En el mundo tendréis aflicción" (Juan 16:33). La dificultad es el libro de texto que nos enseña quiénes somos realmente. La dificultad es lo que exprime el limón que hay en nuestro interior y revela de qué estamos hechos. Y no siempre es glamoroso.

Voy a confesar que cuando siento dolor a veces me desmorono. Colapso en mi derrota. Y si le dejo seguir su curso, si no acudo a la Palabra de Dios, si no lo busco en oración, me vuelvo egoísta, impaciente, irritable, malintencionada. Aflora en mí una actitud malhumorada y amargada. Simplemente estoy intentando ser sincera.

Tal vez cuando te sobrevienen problemas tú sonríes a todo el mundo en el supermercado y en la tienda de ropa, pero cuando regresas a casa la sonrisa te abandona. Después de poner tu cara pública te encierras en ti misma y te ahogas en desesperanza y autocompasión.

O tal vez cuando llega la dificultad desarrollas una actitud perezosa frente a la Palabra de Dios. A mí me pasa. La incredulidad aplasta tus oraciones y empiezas a criticar a tus hijos y a tu esposo, estás ansiosa durante el culto de adoración, preocupada por la semana que viene y sus problemas.

Tal vez has llegado a sentirte cansada, indiferente, estancada, resentida, afanada por cambiar las cosas y hacerlas a tu manera. Con frecuencia, Dios usa ese momento para sacar el cepillo de dientes, porque sabe que todavía hay más mugre, suciedad e impurezas que necesitan ser quitadas.

Lo que más le importa a Dios no es que estemos cómodas, sino enseñarnos... a crecer espiritualmente

Refinada como el oro. Purificada como la plata.

Ahí está, claro y simple: el meollo del plan de Dios es rescatarnos de nuestro pecado. Sí, Él ya lo hizo en la cruz, pero el proceso completo de santificación toma tiempo y la resistencia que interponemos solo retarda el proceso. Sin embargo, el Padre celestial, que conoce mejor que nosotras lo que necesitamos, está decidido a hacernos conformes a la imagen de su Hijo.

Esto supone deshacerse del pecado. Sí, volverse como Jesús es volverse amable, mansa, solícita y compasiva, pero primero, si realmente quieres ser como Cristo, debes aprender a odiar el pecado. Ser como Jesús es vivir sin pecado.

Escucha, a Dios le interesa nuestra pobreza y nuestro sufrimiento. A Él le importa tu corazón roto y mi cuello roto. Pero estas cosas no son su enfoque primordial. Son nada más síntomas del verdadero problema, son enredaderas que crecen de una raíz. Lo que más le importa a Dios no es que estemos cómodas, sino enseñarnos a odiar nuestras transgresiones y a crecer espiritualmente, a amarlo. Ese es el propósito detrás del cepillo de dientes: el refinamiento, el cincelado, la purificación.

Por ejemplo, cuando tengo dolor, es decir, cuando realmente estoy en agonía, cuando he tomado todo el Vicodin que mi estómago puede soportar para calmarla, cuando he cambiado sin parar de posición en esta silla de ruedas más veces de lo que puedo contar, mi esposo y mis amigas saben que voy a enloquecerlos. Yo también lo sé. Cuando estoy adolorida puedo ver el pecado como el veneno que es realmente. Dios exprime con su mano soberana y el limón que hay en mí fluye, por lo general no como un goteo de quejas sino en un torrente continuo de frustración. Protesto: "Dios, ¡esto no está bien! ¡Vamos! Ya soy tetrapléjica. ¿No es suficiente esto para añadirle más?".

Esto no es muy glamoroso, ¿no es así?

Sin embargo, mi sabio y soberano Dios toma una forma de mal, que es mi sufrimiento, y la pone de cabeza para derrotar un mal mucho peor, mi pecado y mi egocentrismo.

Y vaya si es un experto en esto. De modo que, cuando tú y yo nos sometemos a su plan soberano, cuando nos aferramos con todas nuestras fuerzas al Varón de dolores, cuando corremos a la cruz donde toda fealdad encuentra su fin, descubrimos que nuestro pecado queda limpiado y lavado por completo y, como resultado, su imagen resplandece en nuestra alma, probada y afinada, brillando con la gloria de Dios.

Reparación de joyas

Puede que pienses: "Eso suena bien para ti, Joni, pero ¿no es un poco severo?". Te aseguro que deberíamos estar agradecidas por la soberanía de Dios, incluso por aquellos aspectos de esta que no podemos entender. Porque si Él no tuviera todo bajo control, el mal arrasaría con nosotras *sin* control. Conténtate con dejar este asunto de la soberanía de Dios en las manos de un Dios bueno y sabio que usa el sufrimiento para romper nuestras rocas de resistencia, del mismo modo que los hábiles trabajadores solían hacerlo con sus martillos y su maquinaria pesada en la cantera de Sylvan Dell.

El sufrimiento es un cincel en la mano de Dios para socavar nuestro orgullo, para subyugar nuestra obstinada rebelión. Y el martilleo no va a terminar hasta que reflejemos perfectamente esa imagen verdadera de nuestro precioso Jesús, hasta que seamos santas como Él es santo. Y puesto que es imposible que eso suceda en este lado de la eternidad, más vale que nos acostumbremos.

Toda esta lección se volvió evidente para mí a través de un incidente con un par de aretes. La primera vez que los vi, adornaban las orejas de mi amiga Anne, que es miembro de la junta de *Joni and Friends*. Estábamos juntas frente a la recepción del hotel después de una de nuestras reuniones de junta, cuando la miré y dije: "Anne, ¡qué hermosos aretes tienes!", y su respuesta inmediata fue quitárselos y ponerlos en mis orejas.

Yo dije: "No, no, ¡no me des tus aretes!". Pero como sabes, mis manos no funcionan, lo cual limita en gran manera mi capacidad para protestar. Basta señalar que me volví la dueña de unos aretes de oro de 900 dólares, que no solo se convirtieron para mí en un tesoro por su valor sino simplemente porque mi querida amiga Anne me los había obsequiado.

Estos aretes se volvieron mis favoritos. Los llevaba puestos todo el tiempo. De hecho, los tenía un día en la oficina y, mientras hablaba por teléfono con uno de esos aparatos con cuello de cisne de manos libres que puedo usar con solo inclinar mi cabeza, sentí que se deslizó un arete. Esto me sorprendió por un momento, pero proseguí con mi conversación. Yo sabía que, después de colgar el teléfono, lo encontraría sobre mi falda o en el piso junto a mi escritorio. Pero después de terminar la llamada y retroceder un poco, seguía sin encontrarlo. Ya sabes lo que pasa cuando algo se pierde y debería estar en un lugar exacto, pero desaparece de tu vista, aunque sigues con la impresión de que no puede estar muy lejos.

Empecé a dirigirme a la puerta de mi oficina para pedir a Francie, mi secretaria, que me ayudara a encontrarlo, cuando oí un espeluznante crujido debajo de mi silla. De inmediato supe lo que había sucedido. Había aplastado el costoso arete de oro con una de mis ruedas.

Francie se agachó para evaluar el daño y sostuvo el arete arruinado en su mano para que yo lo viera. Me sentí consternada. ¡Mis aretes favoritos habían quedado destrozados! ¡Yo misma lo había hecho!

Ese fin de semana llevé ambos aretes a un joyero de la localidad en el centro comercial, los puse uno al lado del otro sobre el mostrador y pregunté: "Señor, ¿podría, por favor, recuperar este arete para que quede igual al original?".

Él se frotó el mentón, analizó detalladamente la situación y dijo: "Bueno, señora, no puedo hacer que este arete dañado quede como *el otro*, pero sí puedo hacer que el original se vea como *el que* se dañó". ¡No podía creer lo que me estaba proponiendo! "No, gracias, estos son aretes muy finos y costosos", dije.

"Querida, no se preocupe, yo soy un experto en esto", respondió.

Entonces se fue y desapareció en un recinto oscuro desde donde podía escuchar el incómodo martilleo del arete original siendo destruido a manos de este supuesto y autodenominado maestro artesano. Yo no sabía lo que me esperaba cuando salió con mis aretes favoritos en sus manos. Ya no se veían lisos e intactos. Ahora tenían pequeñas arrugas, pliegues y grietas que reflejaban la luz de la joyería; sus nuevas caras martilleadas proyectaban nuevos colores y habían adquirido un nuevo carácter.

Quedé asombrada, ¡los aretes habían quedado más hermosos que antes! Definitivamente no tenían la misma forma, pero debo decir que los golpes los embellecieron más. Son únicos entre todas mis joyas y eso los hace aún más especiales.

Martilleada y mejor

Cuando me rompí la espalda, la vida no me presentó un rompecabezas que se supone debía resolver con rapidez. Tampoco fue una experiencia que me llevara de vuelta a la espiritualidad. Antes bien, fue como si Dios me dijera, como aquel joyero en el mostrador de su tienda: "Querida, no te preocupes, yo sé cómo arreglar esto". Mi lesión en la columna vertebral verdaderamente me ha cambiado para siempre. Esta parálisis se ha convertido en un proceso largo y arduo en el que con su mano que afina, Dios me ha martillado para darme una forma diferente.

Cuando a mi amiga Melanie le dijeron por primera vez que el hijo que esperaba tendría múltiples discapacidades, ella se derrumbó en los brazos de su esposo y lloró diciendo: "¡Oh, no, nada volverá a ser igual!", a lo que su esposo sabiamente respondió: "Bueno, querida, tal vez Dios no *quiere* que las cosas sean iguales".

¡Cuán cierto es esto! Dios no quiere que todo siga igual.

Hace poco me desperté en la madrugada con un dolor punzante, sin motivo aparente. Yo pensé: "¡Oh, no, Dios, no ahora! ¡No esto! ¡No puedo alcanzar mis pastillas para el dolor! ¡No quiero despertar a mi esposo! ¿Qué hago?".

Sin embargo, al instante decidí armarme de valor y obedecer de manera drástica en lugar de caer en el egoísmo, el miedo y la claustrofobia. Empecé a susurrar la Palabra de Dios a mi corazón angustiado para calmar mis nervios alterados y mi ansiedad. Eché mano de mi arsenal de canciones y pasajes memorizados de las Escrituras, medité en la plegaria del Salmo 119:153: "Mira mi aflicción, y líbrame, porque de tu ley no me he olvidado".

Es cuando obedecemos en las cosas pequeñas, pero importantes, que Dios nos transforma milagrosamente.

¿Y sabes qué pasó? En la quietud de la noche, mi Dios me libró. Yo me sometí a Él y Él me cambió. Adopté una actitud diferente de lo habitual, y de su provisión abundante me armó de valor. De repente empecé a experimentar una paz genuina que sobrepasa todo entendimiento (ver Filipenses 4:7) y, al igual que mis costosos aretes, quedé mejor tras ser martillada. Cuando me desperté en la mañana, mi carácter lucía diferente. De algún modo había adquirido una forma diferente. Había sido ligeramente transformada de gloria en gloria.

Crecer en el Señor funciona exactamente de esa manera. Nadie se sienta frente a una Biblia con una actitud pasiva con la esperanza de que las cosas cambien de algún modo por ósmosis. No, es cuando obedecemos en las cosas pequeñas, pero importantes, que Dios nos transforma milagrosamente. Es entonces que empiezas a experimentar este sentido de libertad: libertad de la esclavitud del pecado y del yo.

Desde aquella noche en la que obedecí al Señor y susurré su Palabra a mi alma afligida, soy más la Joni Eareckson Tada que Él se ha propuesto que yo sea. En cierta medida, soy más única. No me parezco a ninguna otra joya de la colección de mi Padre.

La fórmula sencilla para todo esto se encuentra en 1 Juan 2:5, donde las Escrituras dicen: "el que guarda su palabra, en este verdaderamente el amor de Dios se ha perfeccionado; por esto sabemos que estamos en él". Así es como recibimos nuestra certeza de estar "en Cristo", al observar lo que sucede cuando Dios, el Maestro joyero, produce obediencia en las almas de las mujeres que de otro modo se resistirían, se rebelarían y ejercerían independencia. El fruto del corazón que se somete es la prueba de que Dios está haciendo su obra, su obra para nuestro bien.

Dios reina. Dios ordena. Dios manda. Dios sabe exactamente cómo manejar el martillo, y Él está comprometido a hacerte bien. Solo recuerda que su idea de bien es hacerte más semejante a Jesús. Y si tu Salvador aprendió la obediencia mediante el sufrimiento (ver Hebreos 5:8), ¿debería el Maestro esperar menos de ti y de mí?

Dios dice en Jeremías 32:41: "Y me alegraré con ellos haciéndoles bien, y los plantaré en esta tierra en verdad", y mira bien lo que sigue: "de todo mi corazón y de toda mi alma". De todo su corazón y de toda su alma, Dios, por su parte, se complace en darte más que suficiente. Mucho más abundantemente. Porque si la gracia abunda cuando el pecado abunda, como dice la Biblia (ver Romanos 5:20), la gracia también abunda cuando el sufrimiento abunda.

Yo anhelo estar donde la gracia de Dios abunda, ¿y tú? Quiero el deseo y el poder para hacer su voluntad que fluyen de su mano conforme Él me transforma en la semejanza de su Hijo. Esta gracia es suficiente para mi parálisis y para tu dolor y tus problemas, para tus luchas con el matrimonio o la soltería, para tu trabajo sin salida o tus empleados perezosos, porque Jesucristo es tu colaborador. Él ya ha sido tentado y probado. ¡Él está contigo! Conocer a Cristo y participar en sus sufrimientos (ver Filipenses 3:10) vale la pena. ¡Qué dulzura! ¡Qué deleite!

Déjame decirte que su amor es mejor que la vida, porque "como estrellas de la mañana, adornando su esplendorosa corona, [brillaremos] con su belleza, joyas para su corona".

En verdad el Varón de dolores se convierte en nuestro Señor del gozo cuando, como dice la Palabra en Hebreos 12:12-13, fortalecemos nuestras "manos caídas", levantamos nuestras "rodillas paralizadas", cuando hacemos sendas derechas para nuestros pies, "para que lo cojo no se salga del camino, sino que sea sanado".

Ah, ser sanado.

Verás, yo me considero sanada. Sí, todavía estoy confinada en esta silla de ruedas, pero estoy armada de la convicción plena de que un día la salud, el bienestar, la madurez y la plenitud van a pertenecerme por completo, al igual que a ti. Y entonces, con gozo, el martillo y el cincel van a ser historia. Dos minutos en el cielo bastarán para que todo haya valido la pena.

Ir y brillar

Tal vez sientas que alguien pule hoy tu alma con un gigantesco cepillo de dientes. Y duele. Es duro. Haces muecas de dolor, e incluso de decepción por tener que soportarlo.

Sé lo que es eso. Entiendo tu dolor, pero déjame recordarte que tú no eres tan delicada como piensas: "Pues para esto fuisteis llamados; porque también Cristo padeció por nosotros, dejándonos ejemplo, para que sigáis sus pisadas" (1 Pedro 2:21).

Querida hermana, tú no eres un trozo de piedra común. Eres más valiosa que el más fino cristal de cuarzo que brilla bajo la luz del sol a un lado del camino. Eres plata. Eres oro. Y estás siendo refinada por Aquel que sabe cómo hacer que tu vida realmente brille.

Jesús dijo: "el que quiera hacerse grande entre vosotros", el que quiera ser portador del brillo radiante de la gloria de Dios en su rostro, en todo su ser, "será vuestro servidor, y el que quiera ser el primero entre vosotros será vuestro siervo; como el Hijo del Hombre no vino para ser servido, sino para servir, y para dar su vida en rescate por muchos" (Mateo 20:26-28). De manera que si aspiras a ser una joya en la corona de tu Señor, no te concentres en el martillo que cae sobre tu vida. En lugar de eso, mira el proceso mediante el cual otros son pulidos. Ayúdales. Sírveles. Vela por sus intereses.

Claro, puede que yo esté en una silla de ruedas, pero eso no me da una excusa para no pensar en otros que están más necesitados que yo.

Esta es una de las razones por las cuales amo lo que hacemos en nuestro ministerio, el Centro Internacional para Discapacitados *Joni y Amigos*. Claro, puede que yo esté en una silla de ruedas, pero eso no me da una excusa para no pensar en otros que están más necesitados que yo. Dios me ha bendecido y me ha dado mucho. Y, como dice Lucas 12:48: "todo aquel a quien se haya dado mucho, mucho se le demandará; y al que mucho se le haya confiado, más se le pedirá". Dios siempre pide más de mí. Sí, tengo una silla de ruedas, pero hay dieciocho millones de personas discapacitadas en el mundo que *anhelan* tener una silla de ruedas… y que además necesitan la Palabra de Dios.

Así pues, considero un gran privilegio que Dios pida mucho de mí, que me permita viajar y comunicar a otros las buenas nuevas de Jesús, entregar sillas de ruedas a las personas discapacitadas y necesitadas en lugares como Perú, Polonia, China y Cuba. Estoy agradecida porque tengo un esposo que me apoya y una familia que me permite servir con nuestro equipo en el ministerio durante los retiros de verano donde las personas con diversas discapacidades, entre muchos otros problemas en sus vidas, pueden experimentar la misericordia, la esperanza y el amor de Dios. No puedo asistir a todos los eventos por las limitaciones que estoy obligada a soportar, cuando operan el martillo y el cincel, pero estoy presente de corazón y con toda mi alma, intercediendo en oración por aquellos que necesitan a Dios para suplir tantas necesidades.

No quiero sacar ventaja de mi condición, pero quisiera decir de la manera más respetuosa posible que, si Dios espera que yo, una tetrapléjica, me comprometa de manera activa en mi propia santificación, ¿qué espera Él de ti?

Si quieres incrementar tu capacidad para experimentar gozo, si quieres aumentar tu servicio y tu adoración en el cielo, si quieres multiplicar tus bienes personales, no te concentres en el cincel que obra en tu propia vida. Concéntrate en otros que necesitan ser sacados del polvo y de la suciedad de este mundo.

Joyas brillantes para su corona

Durante una visita reciente al área de Baltimore, mi esposo Ken y yo recorrimos el antiguo sendero que todavía bordea la cantera de Sylvan Dell. Hace unos años se llenó de agua de un manantial subterráneo. Ya no se escucha el ruido de los camiones. Se han llevado las excavadoras de vapor.

Detuvimos el auto junto al sendero y bajamos las ventanillas solo para escuchar. El bosque estaba extremadamente silencioso, salvo por el canto de algunos pájaros, algo que nunca logramos escuchar cuando la cantera estaba en actividad y pasábamos por allí a caballo. Allí sentados, rodeados de una atmósfera de paz y serenidad, sintiendo que me envolvían los recuerdos de mi infancia, vino a mi memoria 1 Reyes 6, donde el autor relata el momento en el cual se construía la estructura del templo de Salomón, y "la fabricaron de piedras que traían ya acabadas, de tal manera que cuando la edificaban, ni martillos ni hachas se oyeron en la casa, ni ningún otro instrumento de hierro" (v. 7). Dios quiso que la edificación de su templo fuera una imagen del cielo, la obra que se lleva a cabo en otro lugar para no perturbar la paz de su lugar santo.

Querida hermana, si eres miembro de la familia de Cristo, eres una piedra viva que ha de incorporarse a un templo santo, que debe encajar en el cielo y estar preparada para la eternidad. Entre tanto, este mundo es el centro de operaciones donde Dios trabaja. Como la antigua cantera de Sylvan Dell, es un remolino de actividad, ruido y polvo donde abunda el trabajo del martillo y el cincel, el sudor y el dolor, la extracción de rocas de las entrañas de la tierra. Dios usa tus diversas aflicciones para moldearte y pulirte, a fin de que encajes a la perfección en el paisaje celestial... donde ya no habrá martillo ni cincel, ni ningún instrumento de hierro, nada que pique ni cause dolor. En lugar de eso, habrá solo calma, no habrá más sufrimiento que eche a perder la escena gloriosa.

No habrá sufrimiento.

Ni tristeza.

Ni lágrimas.

Ni muerte.

Ese es nuestro destino. Ese es el verdadero lugar que Dios ha preparado para su pueblo, una existencia de perfección pura, creada en la gloria por la gracia de Aquel que vive para siempre. Esa es nuestra esperanza, nuestro gozo y nuestra paz.

Por lo tanto, ya que sabemos que nuestras leves aflicciones pasajeras "no son comparables con la gloria venidera que en nosotros ha de manifestarse" (Romanos 8:18), no debemos desperdiciar nuestros sufrimientos. Somos creyentes, salvadas por la gracia por medio de la fe en el Señor Jesús; con su ayuda nos despojamos del pecado y juntamente con Él servimos a otros. No somos simples piedrecitas carentes de propósito y de importancia. Somos plata. Somos oro. Y estamos preparándonos para la grandeza del reino.

Zacarías 9:16 dice: "Y los salvará en aquel día Jehová su Dios como rebaño de su pueblo; porque como piedras de diadema serán enaltecidos en su tierra". Me encanta cómo lo expresa Dios. Te hará bien leerlo otra vez para ti misma. Pero, como si no fuera suficiente, Mateo 13:43 dice además: "Entonces los justos resplandecerán como el sol en el reino de su Padre". Un día vamos a brillar en su reino. Un día vamos a brillar como el sol. ¡Cuán glorioso es esto!

Las razones que tuvo Dios para permitir mi accidente, por grave y considerable que terminó siendo, no son el punto principal en mi vida. Lo que importa realmente es que "quien ha padecido en la carne, terminó con el pecado" (1 Pedro 4:1). Mi sufrimiento ayuda a dejar atrás la Joni egocéntrica que quiere todo a su manera y en sus propios términos, y a madurar para convertirme en la Joni que el Señor mi Dios se ha propuesto que yo sea, perfeccionada y pulida por muchos años de tetraplejia.

El sendero que rodea los bordes de la cantera de Sylvan Dell difícilmente puede ubicarse en medio de todas las malezas, enredaderas y espinos que lo han invadido. Pero no sucede lo mismo con la cantera de Dios. Nuestro Dios está tan activo como siempre, extrayendo más piedras vivas, por toneles, día tras día sin parar. ¿Quieres ser una piedra viva en las manos del Joyero por excelencia?

Ya has experimentado aflicciones en este mundo, ¿no es así? Tanto creyentes como incrédulos enfrentamos grandes dosis de dolor, desaliento y decepción. ¿Por qué no asegurarse de que estas tribulaciones que nos toca enfrentar estén llenas de significado y propósito? ¿Por qué no cooperar con lo que Dios se propone hacer en tu vida, preparándote por medio de la dificultad y la adversidad para que resplandezca en ti su belleza?

Así pues, ponte de acuerdo con Dios acerca de tu pecado. Odia tu pecado. Aborrécelo. Aléjalo de tu vida. Toma la determinación de que no va a robarte más tu gozo y contentamiento, y aléjate de sus efectos que desgastan y de la horrible sensación que deja.

Tampoco debes desperdiciar tu vida en una religión árida que te asfixie con sus espesos vapores de hipocresía y formalismos vacíos, cuando Jesucristo tiene palabras de vida como fuentes de agua fresca para tu alma sedienta. Él es la resurrección y la vida. Él es el *Príncipe* de vida. Él es el camino, la *verdad* y la vida. Y un día Él nos dará a ti y a mí una *corona* de vida, como lo hará con todos aquellos que han puesto en Él su confianza.

Si te apartas de tus malos caminos y vives rendida a Cristo, si lo aceptas como tu Señor y Salvador, Él te garantiza que la aflicción que enfrentas valdrá la pena… porque Él sabe cómo manejar el cincel y tiene en mente una corona para ti.

¿Me acompañas a soportar un poco más, "un poco de tiempo" como dice la Biblia (1 Pedro 5:10)? Eso es todo, realmente. Es solo "un poco de tiempo". El ruido y el martilleo, el dolor y la decepción no van a durar para siempre, te lo aseguro. Pero, aunque tengamos que experimentar las heridas de la aflicción por un poco de tiempo, en realidad son heridas de amor de nuestro Padre celestial que nos está formando para ser más como su Hijo cada vez que nos sometemos a Él con gratitud, obediencia y la audaz determinación a seguir su llamado supremo y absoluto para nuestra vida.

Ríndete al cincel. Sirve y ayuda a otros en la espera. Estás en camino para convertirte en una joya para la corona de tu Rey.

Eres plata. Eres oro.

Eres suya.

Y en su fuerza, vas a lograrlo.

Parte Cuatro

El rescate de la verdadera feminidad

Toda mujer, ya sea rica o pobre, casada o soltera, tiene un círculo de influencia dentro del cual, según su carácter, ella ejerce cierta medida de poder, para bien o para mal.
Toda mujer, por su virtud o su vicio, por su locura o su sabiduría, por su frivolidad o su dignidad, añade algo a nuestra elevación o degradación nacional...
*Es poco probable que una comunidad donde una mujer cumpla su misión sea derribada, porque mediante el poder de su noble corazón sobre los corazones de otros, ella la levantará de sus ruinas y restaurará una vez más su prosperidad y su gozo.**

—JOHN ANGELL JAMES (1785-1859)

* De la página anterior; John Angell James, *Female Piety: A Young Woman's Friend and Guide* (Morgan, PA: Soli Deo Gloria Publications, 1995), 72-73.

CAPÍTULO 8

Un legado perdurable en la oración

Fern Nichols

Hace ya mucho tiempo que mis padres fallecieron. Fueron personas llenas de gracia y generosas hasta en su muerte, dejando a sus cuatro hijos una herencia material que ha sido de gran utilidad para cada uno de nosotros a lo largo de los años. Sin embargo, más valioso que el dinero, las inversiones, las propiedades e incluso las reliquias familiares que han pasado de generación en generación, hay un legado de fe piadosa que hemos recibido de nuestros antepasados.

Y la oración es una de las partes más preciosas de ese legado.

Cuando mi mamá estaba en sus últimos días, le dije que el tesoro que más deseaba conservar de ella era su Biblia. Recuerdo que ella la llevaba a la iglesia, anotaba en sus márgenes, nos la leía en voz alta siendo niños. Quizá lo que la hacía más valiosa aún era que, a pesar de que ella solo llegó a la fe en Cristo siendo adulta, se había consagrado al Señor de inmediato y sin reservas, y Él verdaderamente había dado vida a su Palabra en ella.

No, ella no fue educada en un hogar cristiano. Sin embargo, me queda difícil creer que alguien no haya orado por ella en algún momento, ya sea durante su infancia, adolescencia, o siendo joven esposa y madre; alguien que haya pedido a Dios que ella se acercara a Cristo. Una razón para creer esto es que antes de que ella recibiera a Jesús como su Señor y Salvador, mi madre acostumbraba a escuchar la radio cristiana en casa. Cuando se levantaba en la mañana y empezaba a trabajar en la cocina, ella encendía una radio que permanecía en la encimera, sintonizada en la emisora cristiana. Le encantaba. Era algo que le inspiraba consuelo y aliento.

Un día memorable, el mensaje del amor de Dios que había oído con tanta frecuencia como una voz de fondo, penetró como luz en su corazón. Y Dios, en respuesta a las peticiones de aquellos que habían orado por ella con nombre propio o de manera general, manifestó su gracia en la vida de mi madre. ¡Qué momento tan glorioso! Con frecuencia doy gracias a Dios por ello.

Algo más que Dios sabía era que, cuando Él salvó a mi madre, con ella no iba a ser un proceso lento y gradual de avanzar de puntillas. ¡No con mi madre! Cuando confió en Cristo, ella saltó con ambos pies. Fue un giro de 180 grados.

Había una iglesia a poco más de un kilómetro de casa. Ella no sabía si realmente era una iglesia que creyera en la Biblia, pero fue de todos modos. Ella quería seguir a Jesús y deseaba crecer en Él. De modo que cada semana nos llevó a mis tres hermanos y a mí, bien vestidos y listos para la iglesia cada domingo por la mañana. También el domingo en la noche, e incluso el miércoles en la noche.

De hecho, todavía recuerdo algunas reuniones de oración de los miércoles, incluso cuando tenía cuatro o cinco años de edad. Recuerdo estar sentada y callada entre mi mamá y la señora Pomeroy, una querida dama que acostumbraba a sentarse con nuestra familia, y observar la dulce expresión en el rostro de aquella mujer, escuchar su tierna voz mientras oraba. Aun de niña recuerdo que pensaba: "Hay algo muy lindo que sucede aquí".

Era el Espíritu de Dios que atraía mi corazón a la belleza de su pueblo a través del poder de la oración en comunidad, a través del amor de una madre que fielmente elevó a sus hijos delante del trono de gracia.

Poco imaginaba ella que su hija tomaba todo esto a un grado tan profundo y personal, ¡al punto de que, con el tiempo, yo me convertiría en la fundadora y directora de un ministerio internacional de oración! Tal es el poder de un legado de oración. Por eso, ser una mujer de oración es una responsabilidad extremadamente vital y, por eso, el tiempo que pasamos delante del Padre es la mejor inversión que podemos hacer, no solo en nuestra propia vida, sino también en las vidas de nuestros hijos, en nuestros esposos, en nuestros vecinos, en nuestras comunidades, en nuestra nación, y sí, ¡incluso en el mundo!

Mi suegra dice que, cuando ella muera, quiere que en su lápida se escriba: "¡Les dije que estaba enferma!". Su broma nos hizo reír. Pero, hablando en serio, ¿qué quieres que tus hijos y amigos recuerden de ti cuando hayas partido con Jesús?

No creo que yo pueda aspirar a un tributo más significativo que ser recordada como una mujer que creyó en el poder de Dios por medio de la oración. Esa es una inversión que nunca se agota, que nadie puede robar y que perdura para siempre en los corazones de aquellos que vienen después de nosotras.

¿Qué quieres que tus hijos y amigos recuerden de ti cuando hayas partido con Jesús?

Sé que tu vida es probablemente un torbellino. Sé que tienes múltiples responsabilidades, cada una de ellas exigiendo tu atención y tu tiempo. Sin embargo, aun con tantas cosas que te ocupan, que son *buenas* en su mayoría, lo *mejor* que puedes hacer en la vida es orar. Es triste cuando nos cuesta orar, cuando no podemos o rehusamos hacer una pausa, ni siquiera cinco o diez minutos, y olvidamos que en oración Dios interviene activamente en las áreas que más nos preocupan o estresan.

Yo estoy dedicada a animar a las mujeres a dejar un legado de oración. No puedes ofrecer un mayor regalo a tus seres queridos.

Las oraciones de los santos

Rosalind Rinker, una querida santa y misionera que murió en 2002 a los noventa y cinco años, escribió en su exitoso libro *Prayer: Conversing with God*, que la oración es "un diálogo entre dos personas que se aman".[1]

Sé lo difícil que puede ser orar, especialmente cuando se empieza,

1. Rosalind Rinker, *Prayer: Conversing With God* (Grand Rapids, MI: Zondervan Publishing House, 1959), 23.

cuando la oración todavía te resulta ajena, o cuando tu vida de oración se ha estancado y se ha apagado con el paso de los años. Sin embargo, orar no es una hazaña complicada que exija grandes cantidades de conocimiento y preparación. Orar es tan sencillo que incluso un niño puede hacerlo y, aún así, ser escuchado con la misma claridad que expresa la mujer más elocuente que ha cultivado una relación con Jesús durante ochenta o noventa años. La oración es una promesa de igualdad de oportunidades.

Y es poderosa, simplemente porque Dios *dice* que es poderosa. Él nos ordena orar: "Pedid, y recibiréis, para que vuestro gozo sea cumplido" (Juan 16:24). "Clama a mí, y yo te responderé, y te enseñaré cosas grandes y ocultas que tú no conoces" (Jeremías 33:3). Nos preguntamos por qué nuestra vida de oración dista mucho de estas descripciones, por qué con frecuencia sentimos a Dios tan distante e indiferente a las aflicciones que nos abruman. Esta es la razón: "no tenéis lo que deseáis, porque no pedís" (Santiago 4:2).

¡Cuánto anhela el Señor que hablemos con Él!

¡Cuánto anhela el Señor que hablemos con Él!

El Padrenuestro (la Oración del Señor), el modelo que dejó a sus seguidores, nos invita a hacer peticiones radicales como: "Venga tu reino. Hágase tu voluntad, como en el cielo, así también en la tierra" (Mateo 6:10). Jesús nos llama a invocar su nombre, a participar con Él del cumplimiento de su voluntad en nuestro lugar y en nuestro tiempo. ¡Jesús quiere que participemos juntamente con Él de esta oportunidad increíblemente poderosa!

Sin embargo, estoy convencida de que una de las maravillas de la oración es que nos permite como mujeres dejar un legado para nuestros hijos y nietos. Mucho después de que hayamos partido y que nuestras vidas no sean sino un recuerdo, Dios todavía estará respondiendo a las oraciones fieles y fervientes que hemos elevado por nuestros seres queridos.

Un día leía la Palabra y llegué al maravilloso pasaje en Juan 17 donde Jesús ora por sus discípulos. Lo he leído muchas veces, pero ya sabes cómo el Espíritu Santo te muestra algo, un versículo, una frase o un pasaje que cobra vida y brilla con un nuevo significado. Jesús dijo a sus discípulos del primer siglo: "no ruego solamente por estos, *sino también por los que han de creer en mí por la palabra de ellos*" (v. 20). Y aquí estamos sentadas a casi dos mil años de distancia de esa oración que Jesús pronunció, como testimonios vivos de que Dios continúa respondiendo a los ruegos de sus hijos hasta el futuro. Cuando Jesús oró por "los que han de creer", estaba orando por ti, estaba orando por mí.

Esto me hace entender que puedo orar por las generaciones futuras de mi familia, décadas e incluso tal vez siglos antes de que nazcan. Y tú también puedes hacerlo. El efecto de nuestras oraciones, conforme Dios las usa de acuerdo con su voluntad, serán un legado que continúa mucho más allá de nuestros días de vida sobre la tierra.

Esto se manifiesta en el trono del Altísimo en Apocalipsis 5, donde Jesús el Cordero ha sido declarado digno, el *único* que es digno de abrir el libro que está a la diestra del Padre. "Y cuando hubo tomado el libro, los cuatro seres vivientes y los veinticuatro ancianos se postraron delante del Cordero; todos tenían arpas, y copas de oro llenas de incienso, que son las oraciones de los santos" (v. 8). Más adelante, en Apocalipsis 8, encontramos de nuevo las "oraciones de los santos" a las que se añade incienso en un altar de oro y que suben como una ofrenda santa delante de Dios.

Así de importantes y valiosas son nuestras oraciones. Así de vivas están en los lugares celestiales. Así de claro las escucha, las ve y las atesora Dios, no dejándolas limitadas al tiempo y al espacio, sino libres para ser consumidas en su perfecta voluntad en el tiempo que a Él le agrade y para el buen propósito que Él disponga.

He visto suceder esto con mis propios ojos.

Visión de futuro

Ty, mi hijo mayor, entregó su vida a Jesús cuando era pequeño. Sin embargo, pasó por unos años pródigos en la secundaria y la universidad. Con frecuencia oraba por él diciendo: "Dios, tú sabes que Ty te ha recibido como su Señor y Salvador, y aun así anda en caminos que no son fieles a ti, caminos que podrían ser perjudiciales para su vida. Te pido Señor que intervengas y hagas lo que sea necesario, lo que sea, para traerlo de regreso a ti".

Me sentí impulsada a orar con las palabras de Lucas 22:31-32 por mi hijo, cuando Jesús intercedió por su discípulo Simón Pedro, en medio de la lucha que experimentaba: "Simón, Simón, he aquí Satanás os ha pedido para zarandearos como a trigo; pero yo he rogado por ti, que tu fe no falte; y tú, una vez vuelto, confirma a tus hermanos".

Yo quería que Dios contestara de inmediato mi oración. ¡Quería ver un cambio *instantáneo*! Pero aun cuando no ocurrió un cambio, Dios me mantuvo perseverante en oración y nunca renuncié a ver lo que Él tenía en mente para mi hijo. Pasaron años sin evidencia alguna de respuesta a mi oración de angustia.

Dios nos ha dado un ejemplo en la naturaleza de cómo funciona la oración perseverante. Durante cuatro años completos después de que la semilla de bambú se siembra en la tierra, su crecimiento es casi imperceptible. Puede que crezca un par de centímetros. Casi nada. Pero en el quinto año, esta clase de árbol empieza a crecer hasta casi un metro al día, llegando a alcanzar casi treinta metros de altura. Eso fue lo que Dios hizo más o menos con mis oraciones por Ty. Aunque mis súplicas y peticiones llenas de lágrimas parecían desatendidas, adormecidas y olvidadas en la tierra, nuestro Dios se ocupaba de esa tierna semilla de fe, fortalecía las raíces y hacía todo lo necesario para que ocurriera un crecimiento duradero. En ese momento no podíamos verlo, pero Dios estaba obrando en maneras que nos eran ocultas, llevando a cabo sus prodigios de redención.

En ese momento no podíamos verlo, pero Dios estaba obrando en maneras que nos eran ocultas, llevando a cabo sus prodigios de redención.

Seguramente tú también has orado por algo durante años, sin ningún progreso, movimiento, asomo o indicación visible de que Dios tomaba con seriedad tus oraciones. Sin embargo, "esta es la confianza que tenemos en él, que si pedimos alguna cosa conforme a su voluntad, él nos oye. Y si sabemos que él nos oye en cualquiera cosa que pidamos, sabemos que tenemos las peticiones que le hayamos hecho" (1 Juan 5:14-15).

El incienso aún se eleva delante de su trono.

En algún punto, Ty se encontraba en una reunión en una iglesia, apartado a un lado del recinto, pero plenamente consciente de que Dios le hablaba a su corazón. Se sentía culpable. Se sentía infeliz. Se había apartado del Señor y él lo sabía. Y esas oraciones confluyeron en un momento maravilloso de la providencia divina. Ty me dijo más adelante: "Mami, es como si el pastor me hubiera hablado a *mí* directamente". Y con lágrimas en las mejillas de Ty, la paz de Dios se entremezcló con el arrepentimiento de mi hijo. Hoy día él sirve al Señor junto con su bella esposa y su familia, glorificando a Dios y dando testimonio de la oración.

Hemos visto este principio operando a todo lo largo y ancho del árbol genealógico de la familia Nichols.

Yo siempre había orado para que Ty conociera una mujer piadosa con la cual se casara. Él trajo a casa un gran número de candidatas, toda clase de niñas lindas, la mayoría de las cuales no amaban a Jesús. Yo oraba por ellas. Yo *sigo* orando por ellas, hasta hoy. Sin embargo, también oraba para que Dios trajera a la vida de Ty alguien especial que fuera más consagrada al Señor que a cualquier otra cosa. Dios escuchó esa oración y contestó.

He hecho lo mismo por cada uno de nuestros hijos, por Troy, Travis y Trisha. He orado para que Dios los conduzca a cónyuges piadosos. He orado para que la salvación de Cristo se extienda a cada miembro de sus familias, que sus futuros hijos conozcan y sigan a Jesús como su Señor y Salvador, que ni un solo hijo de la familia Nichols se pierda en las garras de Satanás.

Y yo creo que el incienso de esas oraciones continúa elevándose ante la mirada amorosa de mi Dios en el cielo. Creo que esto es un asunto eterno. Ya he visto a dos nietos recibir a Cristo en sus corazones y creo que muchos más van a seguir esta herencia de fe.

Estas oraciones son inversiones de tiempo mucho más valiosas que la plata, el oro o cualquier otro bien terrenal. Te animo a orar, a orar y a seguir orando. No te des por vencida. Dios está obrando, incluso ahora mismo, y Él responderá a su tiempo.

Refuerzos en la oración

Sin embargo, debo reconocer lo que todas ya sabemos… y lo que Jesús advirtió cuando nos instó a "no desmayar" en nuestras oraciones (Lucas

18:1). Nos impacientamos. Nos cansamos. Sucumbimos a la oposición de Satanás. ¡Cuán fácil es decaer en nuestra fidelidad y perseverancia cuando el tiempo y nuestras oraciones parecen interminables y suspendidos en el aire!

Una forma de contrarrestar esto es comprometiéndonos a orar cada día, aunque sea cinco o diez minutos, orar cuando sientes deseos de hacerlo y orar cuando no, entremezclando cada actividad del día con oración al Padre.

Con todo, por dulce que llegue a ser esa relación con el Amado, por tierna que sea nuestra conversación con Él, de corazón a corazón y con toda reverencia creo que la manera más eficaz de contrarrestar nuestra tendencia a decaer es unirnos en oración con otras mujeres.

Necesitamos orar juntas.

Cuando mis dos hijos mayores entraron a la secundaria, yo dije: "Señor, necesito otra mamá con quién orar. Esta carga que siento es demasiado pesada. ¡Mis hijos van a enfrentar cosas en la escuela que me erizaría el cabello si lo tuviera liso!". Dios en su fidelidad me condujo a otra mamá que sentía una necesidad similar. Y, aunque no podíamos entrar al edificio con nuestros hijos, aunque no podíamos llevarlos de la mano y proteger sus mentes de cada intruso, podíamos caminar junto a ellos en oración dondequiera que iban. Y mi amiga y yo lo hicimos juntas.

En poco tiempo ya éramos cuatro o cinco mujeres reunidas para apoyarnos mutuamente e interceder por nuestros preciosos hijos. Yo les dije: "No vamos a sentarnos aquí a perder el tiempo y tomar café. Vamos a aprovechar al máximo esta hora que tenemos juntas". Y vaya si esos momentos estuvieron llenos de emociones y de la intensa carga de nuestro corazón, de hambre en cada una de nosotras por ver la obra de Dios en las vidas de nuestros hijos.

A veces una de nosotras llegaba con una necesidad tan grande que pasábamos gran parte de nuestro tiempo elevándola en oración. Una situación que recuerdo fue la relación de una de ellas con su hijo que se había vuelto extremadamente tensa. El hijo rechazaba todo intento de su madre por expresarle afecto e interés en su vida. No soportaba que su madre lo tocara, se erizaba y la alejaba ante la más leve expresión de amor por él. Oramos una y otra vez por esa situación y, hacia el final del año, Dios había obrado un milagro de reconciliación.

Ya fueran oraciones para que nuestros hijos pasaran un examen o entablaran buenas amistades, o simplemente lograr que aprendieran a usar el baño correctamente, orábamos por todo. Juntas orábamos por todo.

Y nuestra fe creció.

Así que he sido testigo de primera mano de la importancia de la oración unida. He sentido lo que sucede cuando las mujeres se mueven juntas en la presencia de Dios. He degustado el fruto del que habla Eclesiastés 4:

> *Mejores son dos que uno; porque tienen mejor paga de su trabajo. Porque si cayeren, el uno levantará a su compañero; pero ¡ay del solo! que cuando cayere, no habrá segundo que lo levante... cordón de tres dobleces no se rompe pronto* (vv. 9-10, 12).

En verdad Dios nos ha llamado a orar en unión con otros. Sabemos lo que sucedió en el libro de Hechos cuando los discípulos empezaron a orar juntos después que Jesús ascendió al cielo, el Espíritu descendió de lo alto ¡y el mundo entero quedó trastornado!

Ya conocemos las palabras de Jesús: "si dos de vosotros se pusieren de acuerdo en la tierra acerca de cualquiera cosa que pidieren, les será hecho por mi Padre que está en los cielos. Porque donde están dos o tres congregados en mi nombre, allí estoy yo en medio de ellos" (Mateo 18:19-20).

Sabemos que la "unidad de la fe" es un elemento clave de nuestra fortaleza, madurez y crecimiento hacia "la plenitud de Cristo" (Efesios 4:13). Cuando "todo el cuerpo, bien concertado y unido" (v. 16) se edifica en amor y descubrimos el poder de Dios en medio de nosotros.

Esto es lo que Dios ha dispuesto, la manera como debemos funcionar juntas. Si yo soy como un dedo pulgar, otra persona es como el dedo índice, otra el dedo corazón, otra el dedo anular, y otra el dedo meñique. Otros son como la cadera, el corazón, el pie, el hombro. Cuando el cuerpo se une en oración, experimentamos la plenitud de Cristo bajo su liderazgo. Cada uno de nosotros cumple su parte y Dios nos une para que seamos una iglesia que funciona plenamente.

¿Acaso no aprendemos cosas nuevas cuando oímos a otros orar? Es evidente que los discípulos vieron algo en Jesús que los motivó a pedir: "Señor, enséñanos a orar" (Lucas 11:1). A veces, en nuestro grupo de oración hay una mamá que ora por su nieta o nieto, y yo pienso para mis adentros: "¡Oh, si se me hubiera ocurrido esto habría orado de la misma manera!". Eso me ayuda. Así que escribo lo que otras mujeres oran y aprendo de la manera en que ellas expresan sus pensamientos al Padre.

Nuestro Padre escucha nuestras oraciones sin palabras y nuestro gemir. Él escucha y entiende.

A veces el dolor es tan profundo que simplemente gemimos juntas. No sabemos qué decir. Las palabras no salen. A veces lo único que logramos decir es el nombre de nuestro dulce Señor: "Jesús, oh Jesús". Pero Dios no es como yo, una abuela que intenta entender lo que mis nietos tratan de decirme con su balbuceo, señalándome lo que quieren para hacerme entender lo que necesitan. Nuestro Padre escucha nuestras oraciones sin palabras y nuestro gemir. Él escucha y entiende.

A medida que oramos, crecemos juntas. Nos convertimos en una especie de lupa que atrapa los rayos del sol, y la unión de nuestras oraciones nos une a todas a favor de una persona, una situación o una circunstancia hasta que vemos un cambio en aquello por lo cual oramos. Dios interviene y nuestra fe se renueva y se fortalece.

Nuestro grupo se unió en oración por uno de mis hijos en la secundaria, y con esta imagen de la lupa recuerdo haber orado: "Señor, pon el fuego de tu Espíritu Santo sobre este joven. Quema el pecado en su vida hasta que lo único que quede sea devoción ferviente por ti". Nuestras oraciones son más fuertes cuando oramos juntas. Dios se deleita en oírnos clamar a Él a una sola voz.

Para ser franca, es un gozo conocer a cada mujer creyente de manera tan íntima por medio de nuestras oraciones, las unas por las otras. Oír que alguien más pronuncia el nombre de tu hijo en oración, saber que alguien más se interesa por él, juntar las manos con una amiga que entiende perfectamente lo que vives como esposa y como madre, como soltera o hija que se preocupa, es una experiencia que no tiene precio.

La oración está siempre a nuestra disposición, sin importar dónde nos encontremos. Sin embargo, poder orar con otros por las necesidades y las preocupaciones de tu corazón es una bendición indescriptible que sobrepasa cualquier otra experiencia.

Cuatro oraciones poderosas

Sabemos, como dice Santiago 5:16, que "la oración del justo es poderosa y eficaz" (NVI). Esta es definitivamente la clase de oración que queremos elevar, poderosa y eficaz, que transforme la esperanza en acción. La Biblia nos habla al menos de cuatro tipos de oración que elevan nuestra relación con Dios a esa categoría.

1. Oraciones de alabanza. El Salmo 9:10 dice, en alabanza a Dios: "En ti confiarán los que conocen tu nombre, por cuanto tú, oh Jehová, no desamparaste a los que te buscaron". Quizás algunos puedan enunciar ciertos atributos de Dios, pero quienes realmente alaban a Dios son los que han llegado a "conocerle" no solo intelectualmente, sino en la experiencia personal como Aquel que es fuerte, compasivo, fiel y omnipotente.

Estoy enseñando a mis nietos un jueguito con los cinco dedos que les ayuda a recordar algunos atributos de Dios. Con cada dedo de la mano los animo a que recuerden que Dios...

- *Siempre está presente.* "Porque él dijo: No te desampararé, ni te dejaré" (Hebreos 13:5).
- *Siempre responde.* "Claman los justos, y Jehová oye, y los libra de todas sus angustias" (Salmo 34:17).
- *Siempre entiende.* "Porque él conoce nuestra condición; se acuerda de que somos polvo" (Salmo 103:14).
- *Siempre perdona.* "Si confesamos nuestros pecados, él es fiel y justo para perdonar nuestros pecados, y limpiarnos de toda maldad" (1 Juan 1:9).
- *Siempre ama.* "Con amor eterno te he amado; por tanto, te prolongué mi misericordia" (Jeremías 31:3).

En tiempos peligrosos como los que vivimos, cuando se siente que los "fundamentos" son "destruidos" (Salmo 11:3), cuando ansiamos que nuestras oraciones sean poderosas y eficaces, las Escrituras preguntan: "¿Qué ha de hacer el justo?". Podemos recordar que "Jehová está en su santo templo; Jehová tiene en el cielo su trono; sus ojos ven, sus párpados examinan a los hijos de los hombres" (Salmo 11:4). Cuando todo a nuestro alrededor se sacude, se nos invita a levantar nuestros ojos, a ver al Señor "alto y sublime" (Isaías 6:1). "Por tanto, no temeremos, aunque la tierra sea removida, y se traspasen los montes al corazón del mar; aunque bramen y se turben sus aguas, y tiemblen los montes a causa de su braveza" (Salmo 46:2-3). Las oraciones de alabanza nos guardan de tambalear.

2. Oraciones de confesión. Nuestra tendencia natural es inclinarnos por la parte del versículo de Santiago 5:16 que habla de lo poderoso y eficaz, y pasar por alto la palabra que describe la persona que eleva tal clase de oración: el "justo". Pero hay poder en el arrepentimiento y hay poder en la pureza.

Hay poder en el arrepentimiento y hay poder en la pureza.

El pecado es como un sedimento que bloquea el drenaje e impide que el agua fluya. La confesión es lo que desbloquea el pecado en nuestro corazón para que Cristo pueda vivir a través de nosotros libremente, sin estorbo, lo cual resulta en oraciones que pueden ser eficaces y poderosas.

Por tanto, "acerquémonos con corazón sincero, en plena certidumbre de fe, purificados los corazones de mala conciencia, y lavados los cuerpos con agua pura. Mantengamos firme, sin fluctuar, la profesión de nuestra esperanza" (Hebreos 10:22-23). Las oraciones de confesión liberan el poder extraordinario de nuestro Dios que es digno de confianza. Se convierten en oraciones que son guiadas por el Espíritu Santo, no oraciones guiadas por nuestro yo.

3. Oraciones de acción de gracias. Anhelamos descubrir y entender la voluntad de Dios porque sabemos que en su voluntad es donde hay poder y eficacia. Vivir en su voluntad nos da la seguridad de que estamos bajo su cuidado y protección. Pues bien, he aquí algo que forma parte de su voluntad: "Dad gracias en todo, porque esta es la voluntad de Dios para con vosotros en Cristo Jesús" (1 Tesalonicenses 5:18).

Él merece nuestra gratitud "en todo", incluso en aquellos momentos en los que las respuestas no llegan. En esos momentos oramos: "Dios, al parecer tú haces algo que todavía no soy capaz de ver y te doy gracias porque no me has olvidado. Te doy gracias porque sé que estás obrando de maneras que mis sentidos no pueden percibir".

Puesto que es tan difícil para nosotras permanecer agradecidas, y nos resulta tan fácil olvidar, te sugiero llevar un diario de oración. Me gusta mucho recordar las peticiones que he hecho semanas, meses e incluso años atrás. A veces encuentro las anotaciones de un día en el que dije: "Oh, Señor, hace tres meses respondiste esta oración, y nunca he vuelto para darte gracias por ello". Nunca sobran las razones para expresar gratitud a Dios, aun cuando parezcan esconderse tras las razones que nos afanan para *quejarnos* delante de Dios.

Un corazón agradecido produce un espíritu gozoso y misericordioso, mientras que un corazón desagradecido conduce a la depresión, el temor, el desaliento y la autocompasión, ninguno de los cuales puede motivar en nosotras oraciones que son "poderosas y eficaces". Cuando estamos agradecidas podemos descansar en el plan de Dios para nuestra vida, y podemos gozarnos en que "Dios hace que todas las cosas cooperen para el bien de quienes lo aman y son llamados según el propósito que él tiene para ellos" (Romanos 8:28, NTV). Ese es el sello que caracteriza la oración de acción de gracias. Es una oración que cambia por completo nuestra perspectiva y nuestra actitud.

4. Oraciones de intercesión. Dos términos que usan las Escrituras para guiar nuestra oración son las palabras "súplica" e "intercesión". La súplica es una oración personal en la que presentamos nuestras propias necesidades, oraciones que la Biblia nos anima y nos invita a hacer. Por otro lado, la intercesión es orar por las necesidades de otros, y orar de esa manera es orar como Cristo oró.

La Palabra de Dios es una maravillosa ayuda en la intercesión. Dios dice que "mi palabra que sale de mi boca; no volverá a mí vacía, sino que hará lo que yo quiero, y será prosperada en aquello para que la envié" (Isaías 55:11). Cuando yo oraba por mi hijo Troy para que él siguiera al Señor con todo su corazón, que conociera los caminos de Dios que Él ha revelado en su Palabra, con frecuencia oraba conforme a lo que dice Colosenses 3:16, poniendo en el versículo su nombre: "La palabra de Cristo more en abundancia en Troy". Elevaba con mucha frecuencia esa oración.

Hubo una temporada en los primeros años universitarios de Troy en la que se emocionó mucho con las Escrituras, empezó a memorizar un versículo tras otro con el propósito de que obrara en su corazón por dondequiera que él iba. Incluso puso en la pared una tabla grande con decenas de versículos, todos escritos en su propio papel. Yo le preguntaba: "Troy, ¿qué dice Colosenses 3:16?", o cualquier otra cita bíblica de su repertorio de versículos memorizados, y él lo citaba, así nada más. La Palabra de Dios moraba "en abundancia" en él. Dios había respondido a mi intercesión por él.

La Palabra de Dios es poderosa. Y eficaz. Orar con la Palabra por nuestros hijos, nuestro esposo, nuestros amigos y familiares y todo aquel que el Señor traiga a nuestra mente puede convertir nuestras tímidas oraciones en oraciones confiadas que edifiquen la fe. Orar la Palabra de Dios vuelve nuestras oraciones activas, llenas de vida y más personales.

Una mujer me dijo: "Nunca había orado con las Escrituras por mis hijos, pero poner el nombre de mi hijo en un versículo para aplicarlo directamente a él me ha abierto los ojos al poder que tiene la Palabra. ¡Qué privilegio es incluir su nombre en la Palabra y ver cómo Dios la cumple!".

Yo oro con la Palabra todo el tiempo, a favor de otras personas. A veces me sucede que estoy sola conduciendo el auto, me detengo en un cruce y observo la persona que está a mi izquierda o a mi derecha esperando el cambio de semáforo. A veces el Señor me pone en el corazón orar un pasaje de salvación para esa persona que es un completo extraño para mí, pero que Él conoce bien: "Señor, no sé si esta persona es cristiana o no, pero si no te conoce, te pido que la atraigas a ti y salves su alma, porque yo sé que nadie puede venir a ti a menos que tú la traigas" (ver Juan 6:44).

Oración que no cesa. Oración que no termina. Oración que no desfallece por las personas en tu vida y por las que Dios pone a diario en tu camino en su divina providencia. Alabanza. Confesión. Acción de gracias. Intercesión. Estas son las claves de la oración poderosa y eficaz.

Úsalas bien. Y úsalas con frecuencia.

Aviva tu legado

En su libro clásico *El propósito de la oración*, E. M. Bounds escribe: "Dios le da forma al mundo mediante la oración. Las oraciones no mueren. Puede que los labios que las pronunciaron se hayan cerrado al morir, que el corazón que las sintió haya cesado de latir, pero las oraciones viven delante de Dios y su corazón está atento a ellas. Las oraciones perduran más allá de las vidas de quienes las elevaron; sobreviven a una generación, sobreviven a una era y sobreviven a un mundo".[2]

Eso es asombroso.

Oramos a un Dios que es todopoderoso. Yo le pido a Él un ejército de mujeres que oren, en cada estado del país y en cada nación, mujeres que sean obedientes a su llamado y que nunca se cansen hasta que la voluntad de Dios se haga en la tierra como en el cielo, hasta que su Espíritu se mueva en los corazones de nuestros seres queridos y en las almas necesitadas que nos rodean.

Alabo a Dios por el legado que empezó en mi mamá y que ella me transmitió, un legado que he comunicado a mis propios hijos, y ellos a los suyos. Si no tienes hijos propios, no permitas que el enemigo te impida creer que Dios puede influir sobre generaciones enteras por medio de tus oraciones constantes y compasivas. Ora por una sobrina o un sobrino, un niño o una niña del vecindario, un niño de tu iglesia a quien le gustaría saber que un creyente se interesa por sus necesidades y las presenta fielmente delante del trono.

Ese es nuestro legado para las preciosas almas que nos siguen. Ese es nuestro regalo que perdura en el tiempo y por los siglos. Puede que no tengas mucho más para dar. O puede que tengas mucho para dar en términos financieros y creas que eso es suficientemente valioso. Sin embargo, nada es más personal y poderoso, y me atrevería incluso a decir "peligroso" en las manos amorosas y omniscientes de nuestro maravilloso Dios, que las oraciones fervientes de los justos.

Ora cuando sientas deseos de hacerlo. Ora cuando no. Ora cuando

2. E. M. Bounds, *Purpose in Prayer* (Grand Rapids, MI: Baker Book House, 1978), 9. Publicado en español por Editorial Clie con el título *El propósito de la oración*.

estés sola. Ora cuando estés acompañada. Ora cuando te despiertes en la mañana. Ora cuando vayas a dormir.

Solo ora, querida hermana. Es el legado que vas a dejar.

CAPÍTULO 9

Un llamado a la revolución contracultural

Nancy DeMoss Wolgemuth

Ya hemos estudiado los fundamentos, el significado supremo y la belleza de la verdadera feminidad tal como Dios la creó y la estableció. Hemos visto la batalla que se libra por la verdadera feminidad y el mar de cambios que han tenido lugar en el último siglo a través de un pequeño grupo inicial de mujeres que estaban determinadas a "hacer las cosas a su manera".

A pesar de todas las promesas que han hecho los artífices de esa revolución, parece que las mujeres de hoy, en su conjunto, están más insatisfechas, desorientadas y angustiadas que nunca. Para millones de mujeres, *Amas de casa desesperadas* es más que una serie televisiva, es la descripción de su experiencia cotidiana. Muchas se sienten desanimadas e incapaces de lidiar con sus relaciones disfuncionales. Pocas mujeres, incluso aquellas que se consideran cristianas, experimentan verdadera libertad y plenitud.

> Ha llegado el momento de buscar en Dios un movimiento de reforma y avivamiento entre las mujeres cristianas, una revolución contracultural que exalte a Cristo.

A pesar de todo esto, hay buenas noticias. Tenemos un mensaje de esperanza y de gracia para estas mujeres: ¡el mensaje de Cristo y su evangelio! Yo creo que Dios nos ha traído a ti y a mí al reino de este mundo, a este siglo, por oscuro y convulsionado que sea, para esta hora, para izar la bandera de su reino y reclamar las vidas de las mujeres que son cautivas del enemigo.

Creo que *ha llegado el momento* de buscar en Dios un movimiento de reforma y avivamiento entre las mujeres cristianas, una revolución contracultural que exalte a Cristo y esté animada por la Palabra, la cual recupere el territorio que se le ha entregado por tantos años al pensamiento del mundo.

Sin embargo, nadar en la corriente de los grandes y sagrados propósitos de Dios significa estar dispuestas a nadar contra la corriente de este mundo. La forma como esto funcione en tu caso particular depende en cierto modo de la etapa de la vida en la cual te encuentres.

Adolescente. Significa estar dispuesta a seguir a Cristo y su Palabra cuando pareciera que todas las otras jovencitas de tu edad están absorbidas por la vanidad, los chicos, el yo, el sexo y la diversión. Significa poner todos tus afectos en Cristo, guardar tu corazón, elegir el camino de la pureza, convertirte en portavoz de la verdad cuando toda la presión de grupo va en la dirección contraria.

Soltera. Significa elegir el camino del contentamiento, cualquiera que sea el estado que Dios tenga para ti, casada *o* soltera, por el bien de su reino y para su gloria. Significa usar esta etapa de tu vida para servir al Señor sin distracciones. Significa estar dispuesta a mantenerte pura sexualmente a los veinte, a los treinta, a los cuarenta y más allá. Significa ser una sierva de la familia de Dios. Dios quiere que uses tus dones y tu formación vocacional en el ministerio cristiano, quizá incluso llevando el evangelio a otras partes del mundo como lo han hecho muchas mujeres solteras del pasado.

Casada. Este es un llamado para ser fiel en un mundo de promesas rotas. Significa amar a tu esposo, orar por él, edificar un matrimonio que glorifique a Dios. Significa ser fiel tanto en los buenos tiempos como en los malos, decir "sí" a tu elevado y santo llamado de ser una ayuda para tu esposo, de respetarlo como exhorta la Biblia, de someterte a él como un reflejo de tu sometimiento a Cristo mismo. Significa entregarte de todo corazón a tu hombre y rechazar cualquier intimidad emocional o física con cualquier otro hombre. Si has seguido la corriente, si te has dejado arrastrar por tus emociones, haciendo lo que se te ocurre por naturaleza,

Dios te llama a romper estos vínculos equivocados y abrazar una vida de fidelidad, por contracultural que eso pueda ser.

Madre. Para ti, ir contra la corriente significa abrazar el llamado de ser dadora y sustentadora de vida. No permitas que el mundo te dicte cuántos hijos deberías o no deberías tener. Permite que Dios te dé una visión de la influencia que tus hijos y tus nietos podrían tener para su reino a lo largo de generaciones venideras. También significa estar dispuesta a luchar por las almas de tus hijos, rehusar entregarlos en las garras del enemigo y rogar a Dios que cautive los corazones de la siguiente generación para los propósitos de su reino.

Anciana. ¿Qué significa para ti ir contra la corriente? Significa tomar la decisión de no jubilarte espiritualmente. Significa no conformarte con una vida consumida por el golf, el *bridge*, las actividades sin sentido y la preocupación por el yo. Hay demasiadas mujeres jóvenes que necesitan tus consejos y tus palabras de aliento, demasiadas hermanas en dificultades que podrían beneficiarse de tu amor y tus oraciones. Hazte cargo de una o dos de ellas, ayúdales a aprender a vivir de una manera que sea agradable a Dios. No hace falta que sepas todo ni que ya lo hayas logrado todo. Nada más tu disposición para encontrar y asumir tu lugar en el reino de Dios. Tu tiempo no ha pasado. Tú también estás llamada "para esta hora".

> ¿Estamos dispuestas a ir contra la corriente, a renunciar a nuestra comodidad personal y a nuestros sueños para tomar la cruz de Cristo?

Durante muchos años, una de mis más fieles compañeras de oración fue una anciana a la que conocí como "mamá Johnson". Viví con su familia cuando era estudiante en la Universidad del Sur de California en los años setenta, y seguimos en contacto durante muchos años. Yo observé cómo Mamá J perseveraba en seguir a Cristo y crecía en su amor por Él y su Palabra. La observé cuando envejecía con gracia, convirtiéndose más y más en una mujer de oración con un corazón tierno, una mujer sabia, amorosa y centrada en los demás. La observé perseverando en la batalla, viviendo una vida resuelta y enfocada en lo importante. Mamá Johnson murió pasados los noventa. En su funeral encontré a una mamá de unos treinta años que me dijo: "La señora Johnson había sido mi consejera durante años". Aun en el ocaso de su vida, esta mujer piadosa y fiel seguía invitando mujeres jóvenes a su corazón y a su casa, animándolas y discipulándolas para la gloria de Dios.

Necesitamos más Mamás Johnson en nuestro mundo y en nuestras iglesias hoy. Quizá las cifras de desempleo sean elevadas y las opciones disponibles para las personas mayores sean muy escasas. Pero nunca habrá escasez de vacantes para las ancianas que deseen vivir el mandato de Tito 2.

Permíteme añadir un comentario a quienes, al igual que yo, pertenecen a la generación de los setenta y siete millones de *baby boomers* que nacieron entre 1946 y 1964, algunos de los cuales ya alcanzan la edad de la jubilación. Entre el control de la natalidad, el aborto y la tendencia a que las familias sean cada vez más pequeñas, probablemente nunca haya de nuevo una generación tan numerosa. Hay una reserva gigantesca de energía y capacidad en manos de esta franja poblacional.

Nuestra generación tiene una oportunidad y una responsabilidad sin precedentes para invertir nuestras vidas en el reino de Dios. La pregunta es: ¿Estamos dispuestas a ir contra la corriente, a renunciar a nuestra comodidad personal y a nuestros sueños para tomar la cruz de Cristo? ¿Vamos a ponernos a disposición de Dios para que Él nos use en las proporciones numéricas que representamos? Yo creo que de esos millones de mujeres de la era *baby boom* podría desatarse un movimiento gigantesco de mujeres verdaderas que asuman sus posiciones en múltiples frentes de batalla para Cristo. Oro para que Dios levante en esta generación un ejército del reino conformado por verdaderas mujeres de Dios.

Darlo todo

Quizá estés familiarizada con la historia de Amy Carmichael, quien en 1895 fue a la India, con 28 años de edad y soltera, donde permaneció durante cincuenta y cinco años sin un solo año de descanso. Lo que ella descubrió en la India fue que un sinnúmero de niñas y jovencitas, e incluso bebés, eran llevadas cautivas y vendidas bajo la custodia de la religión hindú para ser criadas como prostitutas del templo. Su corazón se conmovió al ver esto. Sintió que alguien tenía que hacer algo al respecto.

Dios había traído a Amy Carmichael a su reino "para esta hora", así que ella y su pequeño grupo de colaboradores empezaron a rescatar a estas niñas, una por una, de los templos en los que eran retenidas. Era un trabajo difícil y peligroso. Tuvo que enfrentar ideas religiosas y problemas culturales que estaban arraigados en siglos de tradición y superstición. Tuvo que ir contra la corriente.

Seguramente has oído o leído acerca de cómo el salmón nada contra la corriente para depositar los huevos de donde nacerán sus crías. El viaje puede dejarlos ensangrentados y golpeados por las rocas, la corriente y los obstáculos que enfrentan en el recorrido. Pero están determinados a dar a luz a sus crías. Están resueltos a dar vida. Y después de cumplir su misión, mueren.

Podríamos preguntarnos: "¿Quién escogería un camino semejante?". Sin embargo, esta es una imagen muy cercana del corazón de Cristo, del corazón del Calvario; nadar contra la corriente, pelear contra la marea, quedar ensangrentado y golpeado en su intento por dar vida espiritual aun si eso le cuesta su propia vida.

Y este, mi hermana, es también nuestro llamado: entregar nuestras vidas para cumplir con los propósitos del reino de Dios en este mundo. Sí, puede costarnos mucho hacerlo, pero si invertimos nuestra última reserva de energía e incluso entregamos nuestra propia vida por causa de Cristo y de su reino, que así sea. Seremos parte de una colectividad de hermanas que dicen: "Si perezco, que perezca...".

Eso fue lo que hizo Amy Carmichael durante todos esos años, arriesgar su vida una y otra vez para rescatar a una niña más, una jovencita tras otra, trabajando incansablemente para salvar vidas preciosas y sacar a la luz las obras de las tinieblas que habían destruido a tantas personas. Cada paso exigía batallar contra las fortalezas espirituales del maligno en el mundo. Con todo, ella peleó, no en sus propias fuerzas, sino en la fuerza y en el poder de Dios que la enviaron a ese lugar. Ella siguió adelante y resistió hasta experimentar algunas victorias, aunque también sufrió desgarradoras pérdidas y aparentes derrotas, confiando siempre en Aquel cuyo galardón es lo único que realmente importa.

Los problemas que enfrentamos hoy difieren sin duda de los que Amy

Carmichael enfrentó. Sin embargo, no son menos serios ni urgentes. ¿Acaso no están las mujeres a nuestro alrededor esclavizadas por la culpa, el temor, la amargura y la ansiedad? ¿Acaso no hay chicas que son esclavas de desórdenes alimenticios y conductas pecaminosas, adicciones nocivas y episodios de depresión? Así como las vidas desamparadas necesitaban ser rescatadas de la cultura del templo de prostitución en la India de Amy Carmichael, hay mujeres en tu comunidad, en tu iglesia y en tu familia que necesitan ser rescatadas del enemigo que las tiene cautivas.

Estamos llamadas a pelear contra los poderes de las tinieblas en el nombre, el poder y el Espíritu del Señor Jesucristo, trabajando juntamente con Dios en una gran operación de rescate en aras de su gran reino. Él nos ha encomendado resplandecer en las tinieblas con la luz de su verdad y obtener la liberación de los cautivos para la gloria de Dios.

Clava los colores al mástil

La primera convención de los derechos de las mujeres en los Estados Unidos tuvo lugar en julio de 1848 en Seneca Falls, Nueva York. Las organizadoras del evento aprobaron un documento titulado "La Declaración de Sentimientos", y pidieron a las mujeres firmarlo. Este documento era básicamente una lista de reclamos contra los hombres, y las personas que lo firmaban se comprometían a usar todos los métodos a su alcance para rectificar esas injusticias. No todas las asistentes firmaron el documento, pero quienes lo hicieron pasaron a la historia.

Durante décadas, la cultura occidental se ha desviado de los fundamentos bíblicos y espirituales que haya podido tener. Hemos abandonado las Escrituras como nuestra máxima autoridad y ahora enfrentamos una guerra sin tregua contra los valores bíblicos y cristianos. En ningún área es más cierto esto que en lo concerniente al tema del género, lo que significa ser hombre o mujer. La ideología feminista se ha vuelto la corriente dominante y ahora experimentamos los efectos a largo plazo de un esfuerzo intencional y organizado para desvirtuar lo que enseña la Biblia acerca del género y la sexualidad. Hemos sido testigos del desmoronamiento de la estructura matrimonial y familiar.

El Manifiesto de la Mujer Verdadera, presentado por primera vez en la conferencia inaugural de Mujer Verdadera en Schaumburg, Illinois, el 11 de octubre de 2008, es un intento por dar una respuesta bíblica, cuidadosa y seria a este punto de la historia y proveer una declaración sucinta en torno a la cual las mujeres de Dios puedan unir sus esfuerzos y sus corazones. La agenda que plantea este manifiesto es muy diferente de la que se expuso en la convención de Seneca Falls. De hecho, es un llamado a presentarnos y morir a nosotras mismas, a nuestros propios planes, a nuestros propios deseos, de tal modo que podamos manifestar la vida resucitada de Cristo a los ojos del mundo en que vivimos.

El preámbulo del manifiesto explica que esta es tanto una "declaración personal como corporativa". Es una declaración individual de misión y de intención, pero también nos llama a la participación conjunta y al compromiso colectivo. Los oradores, los patrocinadores y el equipo de liderazgo de Mujer Verdadera 2008 unieron sus voces para afirmar este documento y llamar a otras a hacer lo mismo.

Te animamos a leer cuidadosamente y en oración el Manifiesto de la Mujer Verdadera. Nuestra oración es que halle eco en ti y que unas tu corazón y tus manos a miles de mujeres que afirman y viven su mensaje y lo comunican a otras.

El manifiesto empieza con una serie de declaraciones que afirman lo que la Biblia enseña acerca de la soberanía de Dios y de su diseño y propósitos que ha creado para nuestra vida como mujeres cristianas. Concluye con una serie de respuestas o de oportunidades para decir: "Sí, Señor" en aquello a lo cual la Palabra de Dios llama a las mujeres verdaderas.

El contexto para este desafío está condensado en una frase tomada del vocabulario histórico de las batallas navales. Cuando las fuerzas navales de dos países estaban en combate y uno de los bandos había llegado al punto de la rendición, lo que se acostumbraba era bajar la bandera que identificaba al barco ("los colores"). Bajar la bandera equivalía a aceptar la derrota.

Sin embargo, algunas veces el capitán del barco declaraba que no tenía intenciones de rendirse. A fin de formalizar ese compromiso de manera visible, daba la orden de "*clavar los colores al mástil*". Para evitar que se bajara la bandera en señal de derrota, se clavaba la bandera a la estructura misma del barco, para que fuera imposible quitarla de allí. La batalla se peleaba y se ganaba, o todos los que estaban a bordo morían en el intento.

El término "clavar los colores al mástil" se ha convertido en la expresión que significa "hacer una declaración determinada de lo que se cree". Lo que esto implica es que la declaración puede no ser popular y quienes la pronuncian pueden ser blanco de críticas. Sin embargo, creen en la causa y están dispuestos a comprometerse con ella sin importar cuánto les cueste.

Al afirmar el Manifiesto de la Mujer Verdadera, las mujeres cuyas voces has oído en este libro han expresado su determinación de "clavar los colores al mástil". A ellas se han unido miles de mujeres en decenas de países alrededor del mundo y queremos invitarte a ser parte del número.

Reconocemos que esta declaración nunca va a ser entendida ni aceptada por la cultura mayoritaria; es probable incluso que despierte resistencia por parte de algunos sectores de la iglesia de hoy que han sido influenciados por la manera de pensar del mundo.

Al "clavar los colores al mástil" declaramos nuestra lealtad a la Palabra de Dios, afirmamos nuestro compromiso absoluto de vivir para su gloria y de cumplir su llamado para nuestras vidas… sin dar marcha atrás.

C. T. Studd fue un misionero británico que vivió a finales del siglo XIX y comienzos del siglo XX. Él usó esta ilustración para exhortar a los creyentes a consagrarse sin reservas al llamado de Cristo, sin importar cuán difícil pueda ser la obra ni los obstáculos que pudieran encontrar:

> ¡Clava los colores al mástil! Eso es lo correcto y, por lo tanto, es lo que debemos hacer, y hacerlo ahora. ¿Qué colores? Los colores de Cristo, la obra que Él nos ha encomendado… *Cristo no quiere que rasguñemos lo posible, sino que acaparemos lo imposible*, por fe en la omnipotencia, la fidelidad y la sabiduría del Salvador Todopoderoso…
>
> ¿Hay una muralla en nuestro camino? ¡Con nuestro Dios, saltemos por encima de ella! ¿Hay leones y escorpiones en nuestro camino? ¡Los aplastaremos bajo nuestros pies! ¿Hay una montaña que bloquea nuestro paso? Le diremos "tírate al mar" y seguire-

mos marchando. Soldados de Jesús, ¡nunca se rindan! ¡Claven sus colores al mástil![1]

Tal es el corazón de las voces que has oído en este libro. Nuestra oración es que te unas a nosotras y claves los colores al mástil, y que Dios avive un movimiento de mujeres que estén entregadas a buscar el avance de su reino en esta tierra.

¡Sí!

Hace unos años estábamos pensando en lanzar el ministerio radial de *Revive Our Hearts [Aviva Nuestros Corazones]*. Le pedí a la junta directiva y al comité asesor de nuestro ministerio que me acompañaran en oración con respecto a esta decisión. Recuerdo que un día me senté en una reunión de la junta para tratar este tema, cuando uno de los miembros antiguos, el doctor T. W. Hunt, que en ese momento tenía poco más de setenta años, ofreció una respuesta conmovedora de confirmación.

El doctor Hunt ha sido un líder cristiano durante muchos años y es un verdadero hombre de oración. Ese día había escuchado discretamente la mayoría de las intervenciones, hablando poco y sopesando sabiamente los aportes de los demás.

Al final, cuando todos habían expresado su opinión, el doctor Hunt intervino y dijo: "Durante mucho tiempo he sentido la carga por el aumento de la corrupción generalizada entre las mujeres en nuestra cultura". Presentó algunos ejemplos de mujeres reconocidas cuya influencia ha sido enérgica y perjudicial. Él dijo: "Eso me ha producido mucha angustia y, durante años, he orado preguntándole a Dios qué podría ayudar a cambiar esto, qué podría contrarrestar esa tendencia".

Y continuó diciendo: "He orado por las posibilidades de lanzar *Revive Our Hearts*, creo que Dios ha levantado este ministerio para ser luz y cambiar las cosas, para enfrentar los poderes de las tinieblas y la corrupción entre las mujeres y revertir esta marea".

1. Norman Grubb, *C. T. Studd: Cricketer & Pioneer* (Fort Washington, PA: Christian Literature Crusade, 2008), 144.

Cuando oí esas palabras me sentí obviamente inspirada y agradecida al saber que nuestra misión era respaldada de manera tan personal por un siervo de Dios fidedigno. Sin embargo, al mismo tiempo surgió en mí un sentimiento sobrecogedor de debilidad, temor e incapacidad. No me sentía a la altura de la tarea y sabía que este llamado no iba a estar exento de desafíos y un costo a nivel personal. Tal vez puedas identificarte con esos sentimientos en algún momento de tu caminar espiritual.

En esa coyuntura tan crítica en mi vida, el Señor trajo a mi mente el sagrado intercambio que está registrado en Lucas 1 entre María de Nazaret y el ángel que fue enviado para anunciarle que iba a ser la madre del Mesías. En respuesta al asombroso anuncio de Gabriel, María dijo, en pocas palabras: "¿Cómo puede ser esto? Es imposible humana y físicamente". Eso es en esencia lo que yo pensé frente a la posibilidad de esta nueva oportunidad ministerial que exigiría más de mí de lo que nunca antes se me había encomendado.

¿Cómo puede ser esto? Pensé yo. *¡No tengo los dones, las habilidades ni las capacidades!* Yo sabía que lo que Dios me pedía iba a exigir mucho más de lo que yo era capaz de ofrecer. Ahora, años después, vuelvo a sentirme casi igual cuando considero la misión y la visión del movimiento de Mujer Verdadera. Esta es una misión enorme, más grande de lo que cualquiera de nosotras se atrevería a emprender o es capaz de realizar.

Sin embargo, me inspiran las palabras alentadoras del ángel a María, una promesa que muchas veces a lo largo de los años he necesitado y proclamado:

> *El Espíritu Santo vendrá sobre ti, y el poder del Altísimo te cubrirá con su sombra* (Lucas 1:35).

¿Quién va a ganar la batalla? Dios.

¿Quién va a llenarte de poder? Dios.

"Nada hay imposible para Dios" (Lucas 1:37).

Si eligiera un versículo lema para la vida, probablemente sería Lucas 1:38, donde María responde al ángel con una fe sencilla y en una actitud de rendición: *"He aquí la sierva del Señor; hágase conmigo conforme a tu palabra"*.

María dijo: "Sí, Señor". Ester dijo: "Sí, Señor". Amy Carmichael dijo: "Sí, Señor".

¿Qué vas a decir tú? ¿Qué voy a decir yo?

Si hoy fueras a preguntarles a esas mujeres: "¿Valió la pena? ¿Lo harías de nuevo?", ¿tienes dudas acerca de lo que responderían? Millones de judíos se salvaron, el linaje a través del cual vendría el Mesías fue resguardado. Cientos y cientos de niñas en la India fueron rescatadas de las garras de Satanás y recibieron vida física y espiritual. Nuestro Salvador nació.

Sí, el llamado de Dios para nuestras vidas será difícil en ocasiones. Puede acarrear adversidad, sufrimiento y obstáculos. Él no nos ha prometido una vida fácil, una vida cómoda y holgada en la que nos sintamos realizadas. Antes bien, es un llamado a glorificar a Dios rindiendo nuestras vidas, siguiendo las pisadas del Señor Jesús que estuvo dispuesto a obedecer al Padre y entregó su vida para que nosotras pudiéramos vivir.

Sin embargo, cuando tú y yo veamos el rostro de Cristo, lo cual será pronto, si hemos sido fieles en cumplir con su llamado, diremos: "Jesús, todo valió la pena por ti". ¿Volveríamos a hacerlo de nuevo? Indudablemente. De hecho, creo que desearemos haberle dado más.

Mi oración a Dios es que Él levante una multitud de mujeres en nuestros días, mujeres de valor y de fe, mujeres de compasión, humildad y sabiduría. Mujeres llenas del Espíritu de Jesús, para esta hora. ¿Te unirás a esa misión? ¿Serás parte de una revolución contracultural? ¿Dirás: "*Sí, Señor,* soy tu sierva, acéptame, úsame, estoy a tu disposición, cumple todos tus propósitos santos y eternos en mi vida, sin importar cuánto cueste"?

Mi oración a Dios es que Él levante una multitud de mujeres en nuestros días, mujeres de valor y de fe, mujeres de compasión, humildad y sabiduría.

Ha llegado la hora.

Bendito su nombre glorioso para siempre,
y toda la tierra sea llena de su gloria (Salmo 72:19).

Una declaración personal y colectiva de credos, consagración y propósitos de oración que busca exaltar a Jesucristo y manifestar la gloria y el poder redentor del amor de Dios hasta el último rincón de la tierra.

Manifiesto de la
Mujer Verdadera

¿Y quién sabe si para esta hora has llegado al reino?

Ester 4:14

Creemos que Dios es el Señor soberano del universo y el Creador de la vida, y que todo lo creado existe para Su deleite y para traerle gloria.[1]

Creemos que la creación de la humanidad, como varón y hembra, fue una parte intencional y maravillosa del sabio plan de Dios, y que los hombres y las mujeres fueron creados para reflejar la imagen de Dios en formas complementarias pero distintas.[2]

Creemos que el pecado ha separado a todo ser humano de Dios y nos ha hecho incapaces de reflejar Su imagen como fuimos creados para hacerlo. Nuestra única esperanza de restauración y salvación se encuentra en arrepentirnos de nuestros pecados y confiar en Cristo, quien vivió una vida sin pecado, murió en nuestro lugar y resucitó de los muertos.[3]

Reconocemos que vivimos en una cultura que no reconoce el derecho de Dios para gobernar, ni acepta las Sagradas Escrituras como la norma para la vida y está sufriendo las consecuencias del abandono del diseño de Dios para los hombres y las mujeres.[4]

Creemos que Jesucristo está redimiendo este mundo pecaminoso y haciendo todas las cosas nuevas; y Sus seguidores son llamados a compartir Sus propósitos redentores, en la medida que buscan, mediante Su poder, transformar aquellos aspectos de la vida que han sido manchados y arruinados por el pecado.[5]

Como mujeres cristianas, deseamos honrar a Dios viviendo vidas contra cultura que reflejan al mundo la belleza de Cristo y Su evangelio.

Para tal fin, declaramos que...

Las Escrituras son el medio autorizado por Dios para instruirnos en Sus caminos y revelan Su patrón para nuestra feminidad, carácter, prioridades, roles, responsabilidades y relaciones.[6]

Glorificamos a Dios y experimentamos Sus bendiciones cuando aceptamos y gozosamente abrazamos Su diseño, funciones y orden para nuestras vidas.[7]

Como pecadoras redimidas no podemos vivir a plenitud la belleza de nuestra feminidad bíblica, separadas de la obra santificadora del evangelio y el poder del Espíritu Santo que mora en nosotras.[8]

Tanto los hombres como las mujeres fueron creados a imagen de Dios y son iguales en valor y dignidad, pero tienen roles y funciones distintos en el hogar y en la Iglesia.[9]

Estamos llamadas, como mujeres, a afirmar y alentar a los hombres en su búsqueda de expresar su masculinidad piadosa; y a honrar y apoyar el liderazgo que Dios ha ordenado en el hogar y en la Iglesia.[10]

El matrimonio, como fue creado por Dios, es un pacto sagrado, vinculante y para toda la vida entre un hombre y una mujer.[11]

Cuando respondemos humildemente al liderazgo masculino, en el hogar y en la iglesia, demostramos una noble sumisión a la autoridad, que refleja la sumisión de Cristo a la autoridad de Dios, Su Padre.[12]

La insistencia egoísta sobre nuestros derechos personales es contraria al espíritu de Cristo, quien se humilló a Sí mismo, tomando forma de siervo y entregó su vida por nosotros.[13]

La vida humana es preciosa para Dios y debe ser apreciada y protegida desde el momento de la concepción hasta la muerte.[14]

Los hijos son una bendición de Dios; y las mujeres fueron especialmente diseñadas para ser dadoras y sustentadoras de vida, ya sea a sus hijos biológicos o adoptivos, y a otros niños en su esfera de influencia.[15]

El plan de Dios para la humanidad es más amplio que el matrimonio. Todas las mujeres, casadas o solteras, deben modelar la feminidad en sus variadas relaciones, exhibiendo una modestia distintiva, sensibilidad y gentileza de espíritu.[16]

El sufrimiento es una realidad inevitable en un mundo caído. En ocasiones seremos llamadas a sufrir por hacer lo correcto, mirando la recompensa celestial antes que los deleites terrenales, por el bien del evangelio y el avance del reino de Cristo.[17]

Las mujeres cristianas maduras tienen la responsabilidad de dejar un legado de fe, discipulando a las más jóvenes en la Palabra y en los caminos de Dios y modelando a la siguiente generación vidas de fructífera feminidad.[18]

Creyendo en lo anteriormente expuesto, declaramos nuestra intención y deseo de convertirnos en "Mujeres Verdaderas" de Dios. Nos consagramos a cumplir Su llamado y propósito para nuestras vidas. Mediante Su gracia y en humilde dependencia de Su poder, nosotras:

1. Buscaremos amar a Dios, nuestro Señor, con todo nuestro corazón, alma, mente y fuerzas.[19]
2. Gozosamente le cederemos el control de nuestras vidas a Cristo como Señor; diremos: "Sí, Señor", a la Palabra y la voluntad de Dios.[20]
3. Seremos mujeres de la Palabra, buscando crecer en nuestro conocimiento de las Escrituras y vivir de acuerdo a la sana doctrina en cada área de nuestras vidas.[21]
4. Cultivaremos nuestra comunión e intimidad con Dios a través de la oración: en alabanza, acción de gracias, confesión, intercesión y súplica.[22]
5. Aceptaremos y expresaremos nuestro diseño y llamado únicos como mujeres con humildad, gratitud, fe y gozo.[23]
6. Buscaremos glorificar a Dios cultivando virtudes como pureza, modestia, sumisión, mansedumbre y amor.[24]
7. Mostraremos el respeto debido a hombres y mujeres, creados a imagen de Dios, considerando a los demás como mejores que nosotras;

buscando edificarlos, poniendo de lado la amargura, el odio y las palabras malas.[25]

8. Estaremos comprometidas fielmente en nuestra iglesia local, sometiéndonos a nuestros líderes espirituales, creciendo en el contexto de la comunidad de fe, usando los dones que Dios nos ha dado para servir a otros, edificando el Cuerpo de Cristo y cumpliendo con Sus propósitos redentores en el mundo.[26]
9. Buscaremos establecer hogares que manifiesten el amor, la gracia, la belleza y el orden de Dios; que provean un clima favorable a la vida y que brinden hospitalidad cristiana a aquellos fuera de las paredes de nuestro hogar.[27]
10. Honraremos la santidad, pureza y permanencia del pacto matrimonial, ya sea el nuestro o el de otros.[28]
11. Recibiremos a los hijos como una bendición de Dios, buscando instruirlos para que amen y sigan a Jesucristo y para que consagren sus vidas a Su evangelio y Su reino.[29]
12. Seguiremos el mandato de Tito 2, como mujeres mayores, modelando piedad y entrenando a las más jóvenes para que agraden a Dios en todos los aspectos; y como mujeres jóvenes recibiendo la instrucción con mansedumbre y humildad, aspirando llegar a ser mujeres de Dios maduras quienes a su vez entrenarán a la siguiente generación.[30]
13. Buscaremos oportunidades para compartir el evangelio de Cristo con los inconversos.[31]
14. Reflejaremos el corazón de Dios hacia los pobres, los enfermos, los oprimidos, las viudas, los huérfanos y los que están en prisión, ministrándoles a sus necesidades físicas y espirituales en el nombre de Cristo.[32]
15. Oraremos por un movimiento de avivamiento y reforma en el pueblo de Dios que redunde en el avance del reino y del evangelio de Cristo entre todas las naciones.[33]

Pasajes que respaldan el manifiesto: [1]1 Corintios 8:6; Colosenses 1:16; Apocalipsis 4:11 [2]Génesis 1:26-27; 2:18; 1 Corintios 11:8 [3]Génesis 3:1-7, 15-16; Marcos 1:15; 1 Corintios 15:1-4 [4]Proverbios 14:12; Jeremías 17:9; Romanos 3:18; 8:6-7; 2 Timoteo 3:16 [5]Efesios 4:22-24; Colosenses 3:12-14; Tito 2:14 [6]Josué 1:8; 2 Timoteo 3:16; 2 Pedro 1:20-21; 3:15-16 [7]1 Timoteo 2:9; Tito 2:3-5; 1 Pedro 3:3-6 [8]Juan 15:1-5; 1 Corintios 15:10; Efesios 2:8-10; Filipenses 2:12-13 [9]Génesis 1:26-28; 2:18; Gálatas 3:26-28; Efesios 5:22-33 [10]Génesis 2:18; Marcos 9:35; 10:42-45; 1 Corintios 14:34; 1 Timoteo 2:12-3:7; 1 Pedro 5:1-4 [11]Génesis 2:24; Marcos 10:7-9 [12]1 Corintios 11:3; Efesios 5:22-33 [13]Lucas 13:30; Juan 15:13; Efesios 4:32; Filipenses 2:5-8 [14]Salmo 139:13-16 [15]Génesis 1:28, 9:1; Salmo 127; Tito 2:4-5 [16]1 Corintios 11:2-16; 1 Timoteo 2:9-13 [17]Mateo 5:10-12; 2 Corintios 4:17; Santiago 1:12; 1 Pedro 2:21-23; 3:14-17; 4:14 [18]Tito 2:3-5 [19]Deuteronomio 6:4-5; Marcos 12:29-30 [20]Salmo 25:4-5; Romanos 6:11-13; 16-18; Efesios 5:15-17 [21]Hechos 17:11; Tito 2:1; 3-5; 7; 1 Pedro 1:15; 2 Pedro 3:17-18 [22]Salmo 5:2; Filipenses 4:6; 1 Timoteo 2:1-2 [23]Proverbios 31:10-31; Efesios 5:22-24, 33b; Colosenses 3:18 [24]Romanos 12:9-21; 1 Timoteo 2:9-14; 1 Pedro 3:1-6 [25]Efesios 4:29-32; Filipenses 2:1-4; Santiago 3:7-10; 4:11 [26]Romanos 12:6-8; 14:19; Efesios 4:15; 29; Hebreos 13:17 [27]Proverbios 31:10-31; 1 Timoteo 5:10; 1 Juan 3:17-18 [28]Mateo 5:27-28; Marcos 10:5-9; 1 Corintios 6:15-20; Hebreos 13:4 [29]Salmo 127:3; Proverbios 4:1-23; 22:6 [30]Tito 2:3-5 [31]Mateo 28:19-20; Colosenses 4:3-6 [32]Mateo 25:36; Lucas 10:25-37; 1 Timoteo 6:17-19; Santiago 1:27 [33]2 Crónicas 7:14; Salmo 51:1-10; 85:6; 2 Pedro 3:9.

¡Únete al movimiento!

Únete a los miles de mujeres que afirman la esencia del Manifiesto de la Mujer Verdadera firmándolo en línea en **https://www.avivanuestroscorazones.com/articles/el-manifiesto-de-la-mujer-verdadera/.**

Profundiza

UNA GUÍA PARA LA REFLEXIÓN PERSONAL Y EL DEBATE EN GRUPOS PEQUEÑOS

Puedes analizar por tu cuenta la mayoría de las preguntas en esta guía. Sin embargo, vas a sacar más provecho del estudio si te reúnes con otras mujeres que deseen crecer en su comprensión de lo que significa ser una "verdadera mujer" de Dios.

Consejos para líderes de grupo

Formato y estructura

La guía está dividida en nueve sesiones que corresponden a los nueve capítulos del libro y puede usarse en diversos contextos, desde pequeños grupos hasta clases de escuela dominical. Se recomienda seguir una agenda semanal, pero conviene que seas sensible a las necesidades de tu grupo para escoger lo mejor. Anima a cada participante a completar cada semana las sugerencias de la sección ***"Para la próxima sesión"***, y a leer el capítulo que va a comentarse en la siguiente reunión. También resulta útil ver y preparar con anticipación las preguntas de la guía.

Las secciones tituladas ***"Para empezar"*** y ***"Para el debate"*** están diseñadas especialmente para la interacción grupal. Si las mujeres de tu grupo están dispuestas a profundizar un poco más, puede que quieras incluir preguntas y actividades de las secciones ***"Reflexión personal"*** y ***"Puesta en práctica"*** como parte del debate grupal. De lo contrario, anima a las mujeres a hacer esto por su cuenta.

Prepárate

Tu meta para este estudio debe ser introducir una forma bíblica de pensamiento acerca de la feminidad y dar libertad a las mujeres para que expresen, comenten y descubran el modelo de Dios tal como lo presentan las Escrituras. Pide a Dios la gracia para guiar con sabiduría y con bondad. Pídele que obre en la vida de cada miembro del grupo en su proceso personal de aprendizaje a lo largo de este estudio, y que abra sus ojos al llamado divino para sus vidas como mujeres verdaderas.

A medida que las participantes comenten las luchas que enfrentan en su propia vida, escucha con sabiduría y sensibilidad. Sé paciente con las participantes que no están familiarizadas con los conceptos que presenta este estudio en relación con la feminidad bíblica. Permite que el Espíritu Santo haga su obra, evitando el impulso de defender cada argumento o tratar de responder cada pregunta. Asegúrate de guiar a las mujeres a la Palabra de Dios en su búsqueda de respuestas, en lugar de enfocarse en opiniones personales o ideas humanas.

Algunos contenidos de este libro pueden suscitar desacuerdos. Las participantes se verán enfrentadas a declaraciones que pueden desafiar su manera de pensar o el estilo de vida que han elegido en muchos ámbitos. No temas tratar ideas que van contra la corriente de la cultura moderna. Pide a Dios su ayuda para guiar a las mujeres a la verdad con un espíritu de gracia y amor.

Pautas para el debate en grupo

Establece algunas pautas básicas en tu primera reunión:

- Explica que tu papel consiste en facilitar el diálogo relacionado con los temas tratados en este libro. Anima a las mujeres a leer los capítulos asignados, a participar en los debates y a estar dispuestas a comentar cómo el Señor obra en su propio corazón y en su vida.
- Comunica la importancia de la confidencialidad. Los temas de

discusión pueden extenderse desde la infertilidad hasta los problemas matrimoniales o incluso la confusión de género. Debes asegurar a las participantes que toda información personal es confidencial. (Puede hacerse una excepción si hay problemas que requieran el conocimiento y la intervención de la iglesia o de las autoridades legales).

- Recuerda a las participantes que tú no eres una consejera capacitada y que las reuniones no deben tomarse como "sesiones de terapia", sino simplemente como una modalidad que permite el intercambio de ideas y de información. Se debe animar a las mujeres a buscar ayuda de su pastor o de otras mujeres maduras y piadosas en caso de que necesiten atención ministerial a nivel personal.

¡Disfruta de esta aventura con tu grupo! Anima a tus hermanas a responder al llamado a la feminidad bíblica y a abrazar los propósitos y los planes de Dios para sus vidas. Siéntete libre para orientar el debate según el tamaño de tu grupo y el tiempo disponible. Trata de evitar desvíos improductivos e innecesarios, sin obsesionarte con cada detalle del debate.

Puede que no logres abarcar todas las preguntas de cada semana, ¡y eso está bien! En función del tiempo que tengas disponible, puedes seleccionar algunas preguntas específicas para el debate. Puede ser que algunas mujeres necesiten tiempo adicional para asimilar este material, de modo que no te apresures con la idea de completar cada actividad. La meta no es responder cada pregunta, sino que cada mujer descubra lo que significa glorificar a Dios llevando a cabo el llamado de Dios para ella, como mujer verdadera, en esta etapa de la vida.

CAPÍTULO 1: **El significado supremo de la verdadera feminidad (John Piper)**

Para empezar

Asegúrate de que todas las participantes se hayan presentado. Pregúntales qué las motivó a participar en este estudio y qué provecho esperan sacar de él.

¿Qué palabras o imágenes vienen a tu mente cuando piensas en una "mujer verdadera"?

Ora y pide a Dios que dirija el estudio y que revele a cada una su perspectiva divina sobre el diseño y llamado de cada una, como mujer.

El pastor Piper llama al Manifiesto de la Mujer Verdadera "un documento fiel, claro, verdadero y sabio". Este documento, al cual se hará referencia a lo largo de este estudio, se encuentra en las páginas 167-171. Cuando des inicio al debate, lee el párrafo introductorio del Manifiesto y las declaraciones de credo, es decir, las que empiezan diciendo "Creemos..." (pp. 167-168).

Invita a tres mujeres a que lean los pasajes bíblicos claves que el pastor Piper resalta en este capítulo: Efesios 1:5-6; 5:25-27; Apocalipsis 13:8.

Para el debate

1. John Piper comenta: "Una teología débil produce mujeres débiles... Una teología débil simplemente no le ofrece a la mujer un Dios suficientemente grande, fuerte, sabio y bueno para manejar las realidades de la vida de tal modo que magnifique el valor infinito de Jesucristo". Y concluye que una teología débil "se centra completamente en la mujer o en el hombre".

   ¿Qué alternativa presenta el pastor Piper a la mentalidad "centrada en la mujer" y cómo prepara esto a las mujeres para navegar a través de las dificultades de tal modo que magnifique a Cristo?

2. En las páginas 17-19, el pastor Piper presenta varios ejemplos de "lo contrario de una mujer débil". ¿Qué semejanzas existen en las descripciones de estas mujeres?

   ¿De qué manera ilustran estas mujeres la esencia de la "verdadera feminidad"?

3. ¿Cuál es el propósito supremo de Dios para la feminidad? ¿De qué manera la masculinidad y la feminidad son esenciales en el propósito supremo de Dios? (Los tres textos que leímos al comienzo del debate son de ayuda en este punto).

4. Comparte tus ideas acerca de lo que comenta el pastor Piper:

"Dios no echó un vistazo por ahí para descubrir casualmente que la masculinidad y la feminidad resultaban ser una comparación útil de la relación de su Hijo con su Iglesia. Él nos creó hombre y mujer precisamente para que pudiéramos desplegar la gloria de su Hijo. Nuestra sexualidad está diseñada para la gloria del Hijo de Dios, especialmente la gloria de su muerte para tener su novia que lo admira".

5. ¿De qué manera debe el matrimonio reflejar la relación entre Cristo y la Iglesia? ¿Qué implicaciones tiene esto para las mujeres casadas?

6. Según el pastor Piper, ¿cuáles son algunas verdades acerca de Cristo y su reino que "brillan con mayor claridad a través de la soltería" que a través del matrimonio?

   ¿Cómo pueden las mujeres solteras glorificar a Dios a pesar de y gracias a los desafíos particulares que enfrentan?

7. ¿De qué manera la explicación del pastor Piper acerca del significado supremo de la feminidad y tu misión divina de magnificar a Cristo influyó en tu perspectiva acerca de tu llamado como mujer?

Reflexión personal

1. ¿Qué aprendiste en este capítulo que te ayude a cumplir tu propósito como mujer?

2. El pastor Piper describe un antídoto contra la teología débil como *"el fundamento sólido de la soberanía de Dios"* o *"la sólida estructura de*

acero de un propósito para todas las cosas cuyo centro es Dios". ¿Describirías tu teología como "débil" o más bien "centrada en Dios"? ¿Qué revela tu respuesta acerca de tu visión de Dios? ¿De qué manera tu teología afecta tu vida diaria?

3. ¿Alguna vez te ha costado aceptar tu diseño y llamado como mujer? Considera la importancia y el propósito que Dios tuvo al crearte como mujer y dedica un momento a dar gracias al Padre por su sabiduría. Pídele que te revele cómo puedes expresar tu feminidad en esta etapa específica de tu vida, de tal manera que Él sea glorificado.

Puesta en práctica

1. La tesis del pastor Piper es que *"la verdadera feminidad... es un llamado único de Dios para desplegar la gloria de su Hijo de maneras que no serían manifiestas si no existiera la feminidad"*. ¿De qué maneras prácticas puedes usar tu feminidad para manifestar la belleza del corazón de Cristo?

2. Si has tenido luchas con el enojo o la amargura (quizá debido a problemas relacionados con el hecho de ser mujer), presenta todo eso al Padre. Confiésale tu necesidad de ser libre del resentimiento o el dolor. Pídele la gracia para perdonar a todo el que te haya lastimado u ofendido. Pídele que te ayude a desarrollar una teología centrada en Dios y que, cuando te sientas tentada a la autocompasión, traiga a tu memoria mujeres como Marie Durand y Joni Eareckson Tada.

3. Muchas mujeres hoy, en especial las más jóvenes, no están familiarizadas con la perspectiva bíblica sobre el significado de la feminidad. ¿De qué maneras puedes animar a otras a abrazar su llamado como mujeres? Estas son algunas opciones que puedes considerar:

   - Invita a algunas mujeres a tu casa para ver el DVD del mensaje de John Piper en la conferencia Mujer Verdadera 2008. Recuerda dedicar tiempo al final para hacer comentarios.

- Comparte lo que estás aprendiendo con un grupo pequeño en tu iglesia. Aprovecha la oportunidad para inspirar a las más jóvenes a vivir en la práctica su propósito supremo de manifestar a Cristo.

Para la próxima sesión

1. Lee el capítulo 2, escrito por Nancy DeMoss Wolgemuth. Subraya las afirmaciones centrales y anota las preguntas que vengan a tu mente.

2. En el Manifiesto de la Mujer Verdadera, lee la sección de credo que empieza con la declaración "Creemos", junto con los pasajes bíblicos que respaldan cada una.

3. Lee y medita en las palabras de Romanos 11:33-36. ¿Qué conexión tiene este pasaje con lo que significa ser una mujer verdadera?

CAPÍTULO 2: **De Él, por Él y para Él (Nancy DeMoss Wolgemuth)**

Para empezar

Describe un lugar que hayas visitado o un paisaje que hayas visto donde la inmensidad o la magnificencia de la creación de Dios te hayan recordado su grandeza y te hayan inspirado a adorarle.

Empieza con una oración. Dé gracias a Dios por la grandeza de su creación y por lo que Él te ha mostrado a través de este estudio. Pídele que te ayude a empezar la reunión con un corazón dispuesto a aprender.

Lean juntas en voz alta la primera declaración del credo en el Manifiesto de la Mujer Verdadera:

> *Creemos que Dios es el Señor soberano del universo y el Creador de la vida, y que todo lo creado existe para Su deleite y para traerle gloria.*

Para seguir esta línea de pensamiento, lee Romanos 11:33-36. Usa este pasaje como punto de partida para el debate. Si el tiempo lo permite, repasa el debate de la semana anterior, incluyendo los comentarios del pastor Piper acerca de la teología centrada en la mujer en contraste con la teología centrada en Dios.

Para el debate

1. Las personas buscan significado y sentirse realizadas. Según Romanos 11:36, ¿cuál es la suma y el todo de cuanto existe? ¿Cómo nos ayuda este conocimiento a descubrir de qué se trata la verdadera feminidad?

2. Refiriéndose a Romanos 11:33-36, Nancy afirma: *"Conforme he meditado en las palabras de Pablo, he recordado que son la base de lo que significa ser una verdadera mujer de Dios... Este pasaje provee la estructura y el contexto para nuestra vida como mujeres. Nos provee un punto de referencia inamovible para nuestros corazones"*. ¿Cuál es este "punto de referencia inamovible"? ¿Cuál es la perspectiva que presenta este pasaje en Romanos 11 y cómo ofrece un contexto para nuestra vida?

3. *"¡Oh profundidad de las riquezas de la sabiduría y de la ciencia de Dios!"*. ¿Cómo inspiran estabilidad estas palabras de Romanos 11:33 a una mujer cuando llega al límite de sus propios recursos y sabiduría?

   Lee Deuteronomio 33:27 e invita a varias mujeres a que cuenten anécdotas de su experiencia personal con "la profundidad de sus riquezas", cuando se encontraban en un foso de lo que parecían ser desafíos insuperables.

4. Nancy cita al pastor John Piper: *"En cada situación y circunstancia de tu vida, Dios está siempre llevando a cabo miles de cosas que tú no puedes ver y que no conoces"*. Da tiempo para que las participantes compartan experiencias de sufrimiento, dolor o confusión en las que al final lograron comprender que Dios ejecuta su plan en y por medio de la dificultad.

5. ¿De qué manera la perspectiva de la soberanía de Dios provee protección contra las emociones que "se salen de control", los malos pensamientos, la amargura y la confusión en momentos de dificultad o de pérdida?

6. Además de ser la fuente y el origen de nuestra existencia, Dios también es el sustentador de todas las cosas. Lee los siguientes versículos y comenta cómo la verdad allí expuesta transforma nuestra vida: Colosenses 1:17; Hebreos 1:3; Judas 24-25.

7. A la luz de lo que hemos visto en Romanos 11:33-36, ¿cuáles son tres características según sugiere Nancy que deberían estar presentes en la vida de cada mujer cristiana?

   ¿Qué revela esto acerca de nuestra visión de Dios cuando *no* tenemos vidas centradas en Él, no confiamos en Él ni decimos: "Sí, Señor"?

Reflexión personal

1. Tanto el pastor Piper como Nancy DeMoss Wolgemuth han presentado una perspectiva centrada en Dios, en lugar de una perspectiva centrada en el yo, como el fundamento para tener una vida con significado y propósito. ¿Te ha revelado Dios áreas en las que operas sin una perspectiva centrada en Dios? ¿Qué consecuencias has experimentado como resultado de vivir con una perspectiva centrada en ti misma?

2. ¿Cómo reaccionas cuando comprendes que "Dios conoce todo y todo *acerca* de todo"?

   ¿Cómo reaccionas al saber que Dios y sus caminos superan nuestra capacidad de comprensión? ¿Cómo debería afectar esto tu perspectiva cuando atraviesas una circunstancia o dificultad que te desconcierta? ¿Cómo puede este conocimiento ahondar tu nivel de confianza en Dios?

Puesta en práctica

1. Pide a Dios que ponga en tu corazón a otra mujer que esté luchando en este momento con circunstancias difíciles. Ora para saber cómo ministrarle y ofrecerle ayuda práctica (quizá cuidando sus hijos una noche, llevando una comida o haciendo las compras, etc.). Busca un momento apropiado para compartir con ella lo que Dios te ha enseñado acerca de su soberanía y de sus propósitos eternos en medio de las etapas dolorosas de la vida.

2. ¿Cómo te ha afectado en lo personal el estudio de esta semana? ¿Cómo ha afectado tu visión de Dios y de su participación en tu vida? A medida que avances en la lectura del libro, dedica tiempo a meditar en lo que estás aprendiendo acerca de su carácter. Detente un momento para darle gracias por los momentos en los que su soberanía, su sabiduría, su poder y su gracia se han manifestado en tus circunstancias.

Para la próxima sesión

1. El capítulo 3 de Mary Kassian será útil y revelador, ya que echa un vistazo histórico y cultural al movimiento feminista en los Estados Unidos. Asegúrate de apartar tiempo suficiente para leer y reflexionar acerca de ese capítulo antes de la siguiente sesión.

2. Lee Isaías 45:9, 11-12 y Romanos 9:20-21, y considera cómo estos versículos te mueven a abrazar el propósito que, como mujer, Dios te ha asignado.

CAPÍTULO 3: **¡Has progresado mucho, cariño! (Mary A. Kassian)**

Para empezar

¿Hay algo en la información que presentó Mary en este capítulo que fue nuevo o desconocido para ti o que te pareció particularmente útil?

Si hay mujeres en tu grupo que recuerdan el movimiento feminista de los años 70, pídeles que comenten cualquier cambio, ya sea positivo o negativo, que ellas hayan observado en nuestra cultura y que podría estar asociado con ese movimiento.

Lean juntas la cuarta declaración del credo del Manifiesto de la Mujer Verdadera:

> *Reconocemos que vivimos en una cultura que no reconoce el derecho de Dios para gobernar, ni acepta las Sagradas Escrituras como la norma para la vida y está sufriendo las consecuencias del abandono del diseño de Dios para los hombres y las mujeres.*

Asimismo, lean las primeras dos declaraciones de afirmación:

> *Las Escrituras son el medio autorizado por Dios para instruirnos en Sus caminos y revelan Su patrón para nuestra feminidad, carácter, prioridades, roles, responsabilidades y relaciones.*
>
> *Glorificamos a Dios y experimentamos Sus bendiciones cuando aceptamos y gozosamente abrazamos Su diseño, funciones y orden para nuestras vidas.*

Pide a varias voluntarias que lean los siguientes pasajes que constituyen la base del debate de hoy: Isaías 45:9, 11-12; Romanos 9:20-21; 1 Corintios 11:8-9, 11-12.

Ora y da gracias a Dios por su sabiduría tal como se observa en su creación y en el diseño del hombre y la mujer. Pide que su Espíritu dirija el debate de hoy.

Para el debate

1. ¿Qué clase de imágenes e impresiones crees que evoca la “feminidad bíblica” en la mente de muchas mujeres?

   ¿Hay en tu entendimiento del modelo bíblico de la feminidad algún antecedente negativo, temor o inquietud? ¿Hay aspectos de ser una “verdadera mujer” de Dios que te resultan difíciles de aceptar?

2. ¿Cómo es el concepto actual generalizado de matrimonio, sexualidad, hijos, responsabilidades familiares y diferencias de género en comparación con el de hace más de cincuenta años?

3. ¿A qué atribuyó Betty Friedan el "sentimiento persistente de infelicidad" que detectó en las mujeres entrevistadas a finales de los años cincuenta? ¿Qué soluciones propuso para ayudar a las mujeres a sentirse realizadas?

   ¿Qué defectos observas en el diagnóstico de Friedan del problema y de su fórmula para solucionarlo?

4. Según Mary, ¿cuál es la premisa fundamental del feminismo (p. 60)?

   ¿Cuáles son algunas implicaciones prácticas de esta cosmovisión? ¿Qué efecto tiene en las mujeres, en sus elecciones, en sus relaciones y en la cultura en la que vivimos?

   ¿Observas alguna evidencia de esta filosofía en la subcultura cristiana?

5. El feminismo sostiene que el "patriarcado" (un término que equivale para algunos a dominación masculina) era la fuente de los problemas de las mujeres. ¿Qué propusieron como respuesta para encontrar verdadero significado y satisfacción personal?

   El feminismo expuso un problema común (sentimientos de frustración y descontento). ¿Por qué la solución propuesta fue inadecuada?

6. ¿Cuáles eran los cinco postulados principales de la agenda feminista en los años setenta (p. 61)? ¿Cómo se refleja la filosofía subyacente del feminismo en esta agenda y en su enfoque para lograr dichas metas?

7. ¿Qué técnica usada por los revolucionarios políticos de Mao Tse-tung fue implementada como una herramienta para avivar la revolución

feminista? ¿Qué lema se utilizó y cómo se convirtió el feminismo en un movimiento "comunitario"?

8. ¿Cómo podría funcionar hoy un movimiento comunitario de mujeres cristianas cuyo propósito fuera reclamar el terreno perdido a manos del feminismo en los últimos cincuenta años? ¿Cómo podría alimentarse y extenderse un movimiento de estas características?

9. Comenten cuál es la respuesta bíblica a la pregunta que el feminismo planteó hace más de cincuenta años: "¿Qué va a proporcionar a las mujeres felicidad, plenitud y el gozo de vivir?".

Reflexión personal

1. Cuando leíste el capítulo, ¿reconociste alguna influencia que la ideología feminista haya tenido en tu propia manera de pensar acerca de varios temas o en tu visión de tu identidad y propósito como mujer?

2. Mary identifica la premisa fundamental del feminismo como: "Las mujeres no... pueden confiar en ninguna otra autoridad aparte de su propia verdad personal". ¿Puedes identificar algunas áreas en las que te has convencido de esta filosofía?

   Evalúa esta manera de pensar a la luz de las Escrituras. Pide a Dios que renueve tu mente con su verdad. Confiesa tu necesidad de someterte a su Palabra como la autoridad suprema en cada área de tu vida.

Puesta en práctica

1. Los cambios radicales que produjo el feminismo en los últimos cincuenta años se han extendido tanto y han abarcado tanto, que muchas jóvenes hoy tienen muy poca idea de los antecedentes históricos y de cómo llegamos a nuestra realidad actual. ¿Qué importancia tiene familiarizarse con el contexto histórico básico del movimiento feminista?

Pide a Dios que traiga a tu mente algunas mujeres que podrían no ser conscientes de la historia, las raíces y los valores del movimiento feminista, y brinda oportunidades para hacerles llegar esta información.

2. Considera algunas maneras en las que puedes, junto con otras mujeres en tu comunidad, promover el mensaje de la Mujer Verdadera. Estas son algunas ideas que te pueden ayudar a empezar:

   - Planea un mini evento de Mujer Verdadera usando los materiales que están disponibles en la página web de Aviva Nuestros Corazones (www.avivanuestroscorazones.com).
   - Comparte con otras mujeres los materiales que promueven los valores de la feminidad bíblica.
   - Haz un seguimiento de los eventos y conferencias que están programados en Mujer Verdadera y organiza un grupo de tu iglesia o comunidad para asistir a estos.
   - Empieza un pequeño estudio bíblico o discipulado grupal que promueva la feminidad bíblica.
   - Comparte con amigas los artículos que están publicados en el blog de Mujer Verdadera (www.avivanuestroscorazones.com/mujer-verdadera/blog/), e imprime algunas copias para distribuir en tu iglesia.
   - Firma el Manifiesto de la Mujer Verdadera y entrega copias del manifiesto a tus amigas, familiares y a otras personas de tu iglesia, entre otras.

3. Ofrece tu ayuda para intercambiar ideas y responder preguntas acerca del Manifiesto o acerca del movimiento de Mujer Verdadera.

Para la próxima sesión

1. Lee el capítulo 4, "Para esta hora", escrito por Nancy DeMoss Wolgemuth.

2. Lee el libro de Ester. (A fin de tener una mejor comprensión de la historia como un todo, léelo en una sola sesión. O puedes leerlo en un período de cinco días, dos capítulos cada día). Resalta los versículos o anota las ideas que te llamen la atención.

3. Lee las primeras cinco declaraciones de afirmación del Manifiesto de la Mujer Verdadera con los pasajes bíblicos que las respaldan. (Tal vez quieras dividir esta actividad en un período de cinco días).

CAPÍTULO 4: Para esta hora (Nancy DeMoss Wolgemuth)

Para empezar

Anota en una lista los nombres de las mujeres que han influido de manera significativa en su mundo (ya sea en el pasado o en el presente, para bien o para mal). ¿Cuáles son algunas cualidades de estas mujeres que al parecer dan cuenta de su grado de influencia?

Lean juntas las siguientes declaraciones del Manifiesto de la Mujer Verdadera:

> *Creemos que Jesucristo está redimiendo este mundo pecaminoso y haciendo todas las cosas nuevas, y Sus seguidores están llamados a compartir Sus propósitos redentores, en la medida que buscan, mediante Su poder, transformar aquellos aspectos de la vida que han sido manchados y arruinados por el pecado.*
>
> *Como mujeres cristianas, deseamos honrar a Dios viviendo vidas contra cultura que reflejan al mundo la belleza de Cristo y Su evangelio.*

Revisa los pasajes de esta semana asignando a varias voluntarias la lectura en voz alta de: Ester 2:15-17; 3:8-11; 4:3-16; 2 Corintios 4:16-18.

Antes de pasar al debate en grupo, pide al Señor que abra tu corazón a aquellas cosas que son invisibles y eternas, y que te permita vislumbrar la manera en que Él desea usar tu vida para el avance de su reino. Pídele fe para responder a su llamado para tu vida diciendo: "Sí, Señor".

Para el debate

1. Nancy nos desafía a ver nuestras circunstancias y nuestro mundo desde dos perspectivas: la visible y la invisible, la temporal y la eterna, el reino del hombre y el reino de Dios. Ella describe nuestra vida como "dos historias que suceden de manera simultánea". Comenta lo que ella quiere decir y cómo estas dos perspectivas, reinos e historias son diferentes.

2. ¿De qué manera la historia de Ester ilustra estas dos perspectivas diferentes?

3. Mientras la historia de Ester se desarrollaba, ella no podía ver "el panorama general" de los propósitos eternos de Dios, y le resultaba imposible anticipar el desenlace del drama del cual formaba parte. ¿Qué revela su historia acerca de Dios y de sus caminos, y cómo te inspira a considerar tu propia historia que vives en este momento?

4. Cuando vives tu día a día, ¿buscas la historia "principal" que se esconde detrás de la obvia; es decir, la "historia que siempre sucede tras bambalinas en la esfera espiritual"?

   ¿Cómo cambia nuestra manera de vivir y de reaccionar frente a las circunstancias de la vida el hecho de tener presente esa "historia invisible", de recordar que nuestra vida es parte de una historia más grande y eterna que Dios ha escrito y que está haciendo realidad en el mundo?

5. Durante tu lectura del libro de Ester y del capítulo de Nancy, ¿cuáles fueron algunas de tus ideas o impresiones?

   ¿Trajo Dios a tu mente alguna situación específica en tu vida que esté relacionada con los temas presentados? ¿Te consideras una mujer que ha sido puesta "para esta hora" en este punto de la historia?

6. ¿Qué cualidades demostró Ester y fueron usadas por Dios para llevar a cabo sus propósitos de derrotar a Amán y salvar la vida de los judíos?

7. Da un ejemplo de una ocasión en la que enfrentaste obstáculos que parecían insuperables y en la que tu reacción a esas circunstancias se basó en lo "visible", en lugar de la historia eterna que no podías ver.

   En retrospectiva, ¿puedes ver algunos propósitos de Dios más claros ahora que como los percibiste en aquel entonces? Si es así, ¿qué eran esos propósitos y cómo usó Dios ese momento difícil para llevar a cabo su plan mucho mayor?

8. ¿Cuáles son algunos movimientos o males de la actualidad que se oponen a Dios y a su pueblo y que despiertan en tu corazón la carga de ver su verdad triunfar? ¿Cómo podría usar Dios, en su voluntad, a las mujeres cristianas de hoy para manifestar su gloria divina y llevar a cabo los propósitos de su reino.

Reflexión personal

1. ¿Cuáles son tus formas de "nadar contra la corriente" de la cultura moderna? ¿Hay algo en tu vida que te impida ser usada como una "Ester de nuestros días"?

   ¿Observaste algunas cualidades espirituales o del carácter de Ester que necesitas cultivar en tu propia vida? ¿Ha usado Dios este estudio para revelar contradicciones o problemas que deben ser tratados a fin de que sus propósitos se cumplan por medio de tu vida? Si es así, ¿qué vas a hacer respecto a lo que Él te ha revelado?

2. ¿Te preguntas a veces si tu vida sirve para algún propósito del reino de Dios? ¿Crees que "Dios también te ha puesto en el lugar donde te encuentras ahora mismo para sus propósitos del reino"?

Piensa qué áreas de responsabilidad te ha asignado Dios hoy y pídele que abra tus ojos a la influencia que puede tener tu vida sobre quienes te rodean, para su gloria.

Puesta en práctica

1. Mira tu "historia" a través de la lente de la agenda y los propósitos de Dios. Pide al Señor que te muestre algunos propósitos del reino que Él quisiera cumplir en esta etapa de tu vida. Anota cualquier pensamiento que Él ponga en tu corazón.

   Estas son algunas preguntas que pueden servir como punto de partida:

   - ¿Qué roles me ha asignado Dios en este momento de mi vida (por ejemplo, esposa, madre, empleada, etc.)?
   - ¿Qué responsabilidades me ha delegado en esta etapa de la vida?
   - ¿Me dedico fielmente (y con gozo) a esas áreas de responsabilidad?
   - ¿Qué dones me ha dado Dios para usar en el avance de su reino?
   - ¿Qué circunstancias ajenas a mi voluntad enfrento en este momento y que debo confiar a Dios consciente de que Él puede usarlas para cumplir los propósitos de su reino?
   - ¿Estoy completamente disponible para ser usada por Él?
   - ¿Sirvo a Dios en obediencia y sirvo a los demás, incluso en formas que "nadie puede ver"?
   - ¿Estoy dispuesta a obedecer el llamado de Dios sin importar cuánto me cueste?
   - ¿Vivo siendo consciente de que fui creada por Dios "para esta hora"?
   - ¿Qué disciplinas deben estar presentes en mi vida que me capaciten y me preparen para ser útil en el futuro?

- ¿Hay áreas en las que Dios quiere que yo ejerza mi fe y renuncie a mi comodidad a fin de servirle a Él y a los demás?

Para la próxima sesión

1. Como preparación para la lectura del capítulo 5 de Janet Parshall, lee la historia de Ana en 1 Samuel 1-3.

2. ¿Cuáles son algunas facetas de la experiencia de Ana que podrían aplicarse a tu vida?

3. Lee las siguientes cinco declaraciones de afirmación del Manifiesto de la Mujer Verdadera (empezando con *"El matrimonio, tal como fue creado por Dios…"*), junto con los versículos que las respaldan.

CAPÍTULO 5: **Una mujer conforme al corazón de Dios (Janet Parshall)**

Para empezar

Este capítulo puede ser difícil para mujeres que luchan con problemas de infertilidad o la pérdida de un hijo por muerte o separación. Ten esto presente en las interacciones con otras participantes, busca ser sensible a las que pueden estar sufriendo, y busca oportunidades para animarlas y servirles.

Lean juntas en voz alta las siguientes declaraciones del Manifiesto de la Mujer Verdadera acerca de los hijos:

> *La vida humana es preciosa para Dios y debe ser apreciada y protegida desde el momento de la concepción hasta la muerte.*
>
> *Los hijos son una bendición de Dios, y las mujeres fueron especialmente diseñadas para ser dadoras y sustentadoras de vida, ya sea a sus hijos biológicos o adoptivos, y a otros niños en su esfera de influencia.*

> *Recibiremos a los hijos como una bendición de Dios, buscando instruirlos para que amen y sigan a Jesucristo y para que consagren sus vidas a Su evangelio y Su reino.*

En la oración de inicio, da gracias a Dios por el regalo de la vida y por el privilegio que Él nos ha dado como mujeres de ser "dadoras y sustentadoras de vida". Pide que Él profundice, a través de la reunión de hoy, tu entendimiento de sus caminos y su llamado para tu vida.

Para el debate

1. Lee Jueces 17:6; 21:25. ¿Cuál era la condición moral y espiritual de Israel en los días de Ana? ¿Qué similitudes encuentras con nuestra situación actual? ¿Cómo podrían Ana (y Penina, su rival) verse afectadas por esta clase de ambiente?

2. ¿Cuáles son dos realidades dolorosas que relata 1 Samuel 1:2? ¿En qué se diferencia esta relación matrimonial de lo que Dios estableció en Génesis? ¿Qué clase de dificultades podrían surgir en este modelo de "familia ensamblada"?

3. ¿Qué cualidades admirables observamos en el carácter de Elcana en 1 Samuel 1:3-5, 8? ¿Qué revela su pregunta a Ana en el versículo 8 acerca de su relación?

4. ¿Qué detalle importante presenta el versículo 5 que nos ofrece un marco de referencia para la infertilidad de Ana?

   En el capítulo 1, el pastor Piper estableció una conexión entre las mujeres débiles y la teología débil. ¿Qué antídoto descubrimos para la teología centrada en el yo? ¿Cómo podríamos aplicar este punto de vista a la situación de Ana?

5. ¿Cuál fue la reacción de Ana frente a su rival, Penina (ver vv. 6-7)?

¿Qué podría revelar esto del corazón de Ana? ¿Cómo le habrías aconsejado manejar su relación con Penina?

6. ¿Crees que el deseo de Ana de obtener algo bueno (hijos) había dejado de ser saludable y se había convertido quizás en un ídolo en su vida?

7. ¿En qué se diferenció la reacción de Ana frente al insulto de Elí, de su reacción a la provocación de Penina (1 Samuel 1:11, 14-15)? ¿Qué había sucedido en la vida de Ana que le permitió reaccionar con sinceridad a Elí sin ofenderse?

8. Lee toda la oración de Ana (1 Samuel 1:9-11). Compara su compromiso con Dios con la declaración que hizo Raquel a Jacob acerca de su deseo de tener hijos, en Génesis 30:1. ¿Qué sugiere la oración de Ana acerca de su teología? Según tu observación, ¿qué cambios ocurren en Ana a lo largo de este relato?

9. ¿Cómo crees que Ana pudo entregar a Dios su deseo de tener hijos? ¿Cómo le ayudó esto a entregar a Samuel después de destetarlo? ¿Qué podemos aprender de su ejemplo?

10. Tenemos una ventaja con respecto a Ana. Nosotras podemos leer la historia de Israel más allá de ese momento específico y ver cómo Dios usó a su hijo Samuel como un instrumento para llevar a cabo sus propósitos en esa generación. Sabemos que Dios tenía un plan y que este incluía la descendencia de Ana. ¿De qué manera sirve la historia de Ana como fuente de aliento para las mujeres que dudan en confiar a Dios un futuro incierto?

Reflexión personal

1. Janet formula una pregunta perspicaz en la página 95:

¿Puedes aceptar la voluntad de Dios para tu vida ahora mismo, a pesar de que no sea lo que tú quieres? Tal vez quieras con todas tus fuerzas casarte, pero Dios dice… no. Tal vez ansíes con todo tu corazón tener hijos, pero Dios dice… no. Tal vez anheles profundamente que tu esposo sea sanado de una enfermedad o de otro problema inquietante, pero Dios dice… no.

¿Existe un problema para el cual te resulta difícil aceptar la voluntad de Dios para tu vida en este momento? ¿Algún asunto en el que te cuesta confiar en Él?

¿Qué te revela la Palabra de Dios acerca del carácter de Dios y de sus caminos que puedes usar para aferrarte y afirmar tu corazón respecto a esa situación?

2. Además de su sufrimiento por la infertilidad, Ana enfrentaba constantemente los desafíos de su relación con Penina. Observar a su rival con sus hijos no solo le recordaba a Ana su condición, sino que Penina empeoraba la situación provocando a Ana *por causa de* su esterilidad.

   Tal vez puedas sentirte identificada con el sufrimiento de Ana. ¿Hay una relación en tu vida que te lleva a batallar con sentimientos de inferioridad, resentimiento, pesadumbre o enojo?

   ¿Cómo te ayudaría en esta situación el hecho de tener una visión centrada en Dios?

Puesta en práctica

1. Habla a Dios acerca de cualquier situación específica en tu vida en la que te resulta difícil confiar en Él. Pide la gracia para confiar en su plan soberano. Confiesa a Él tus dudas y temores, y pide que te llene de su esperanza (Romanos 15:13) y de la seguridad de su cuidado amoroso (Jeremías 29:11).

Haz una lista de las formas en que Él ha provisto para tus necesidades en el pasado. Anota ejemplos de su cuidado por ti. Guarda esta lista para que puedas leerla cada vez que te cueste confiar en Dios en el futuro.

2. Si eres madre, ¿has entregado de manera consciente tus hijos a Dios? ¿Cómo afectaría tu relación con ellos el hecho de entregarlos, ya sean pequeños o mayores? Pide a Dios que use a tus hijos para su gloria y para cumplir los propósitos de su reino en su generación, sin importar cómo suceda esto en la práctica ni lo que signifique.

3. Si has sido redargüida de tu falta de confianza en el cuidado soberano de Dios, da algunos pasos para depositar tu confianza en Él. Si te ha revelado que tienes ídolos en el corazón, entrégalos a Él. Responde a su obra de convicción con un corazón que dice "Sí, Señor".

Para la próxima sesión

1. Cuando leas el capítulo 6 de Karen Loritts esta semana, consulta los Salmos 23 y 27. Este capítulo va a ser particularmente provechoso para las mujeres que han experimentado luchas con el temor.

2. Lee las últimas tres declaraciones de afirmación del Manifiesto de la Mujer Verdadera, junto con los versículos que las respaldan.

CAPÍTULO 6: La elección de la fe en momentos de cambio (Karen Loritts)

Para empezar

Karen habla acerca de una etapa en su vida en la que un cambio en sus circunstancias la tomó por sorpresa y la dejó aturdida emocionalmente. Cuenta brevemente una ocasión, inesperada o no, en la que algún tipo de cambio te dejó desconcertada.

Lean juntas en voz alta esta declaración del Manifiesto de la Mujer Verdadera:

Como pecadoras redimidas, no podemos vivir a plenitud la belleza de nuestra feminidad bíblica, separadas de la obra santificadora del evangelio y el poder del Espíritu Santo que mora en nosotras.

Invita a varias participantes a leer estos pasajes bíblicos claves que Karen citó: Éxodo 14:14; Josué 1:6-7, 9; Salmo 27:1-3; Isaías 41:10; Filipenses 4:6.

Para el debate

1. Karen enumera diez "cómplices del miedo" que frenaron sus pasos en algún momento (pp. 111-112). ¿De qué maneras puedes identificarte con su lista? ¿Cómo te ha afectado el miedo en tu vida?

2. Comenta el papel que las Escrituras jugaron en la restauración del corazón, la mente y las emociones de Karen. ¿Por qué la Palabra es tan necesaria para librarnos del temor y de otras emociones negativas?

3. Karen decidió que no iba a permitir que el temor controlara su vida e hizo tres promesas al Señor (p. 114). ¿Cómo pueden un compromiso y una determinación firmes ayudar en el proceso de vencer temores e "imaginaciones indeseables"?

4. Karen describe cómo la decisión de "entregar" le permitió experimentar la victoria sobre el temor. Un aspecto de esta decisión fue "hablarse a ella misma" en lugar de "escucharse a ella misma". ¿A qué se refería con eso? ¿Por qué es tan importante llevar "cautivo todo pensamiento a la obediencia a Cristo" (2 Corintios 10:5)? ¿De qué manera puede protegernos el "razonamiento correcto" de las peligrosas emociones que están fuera de control?

5. Lee Santiago 4:7-10. ¿Cuáles son seis imperativos que encontramos en este pasaje?

El primer imperativo, "someteos, pues, a Dios", nos recuerda la importancia de una teología y de un caminar cuyo centro es Dios. ¿Cómo te infunde valor el hecho de enfocarte en la soberanía de Dios cuando enfrentas obstáculos temibles? Comenta una anécdota de cuando viviste tal experiencia.

6. Karen habla con transparencia acerca de cómo manejó el agravio y la amargura en su relación con su madre. ¿Cómo afectó esa amargura a Karen en su vida adulta? ¿Qué elementos de este proceso en la vida de Karen pueden ser útiles para las mujeres que afrontan agravios y heridas en sus relaciones?

Reflexión personal

1. En un momento determinado, Karen fue incapaz de hablar a sus amigas más cercanas acerca de la batalla que libraba. ¿Existe alguna lucha en tu vida, quizás temor u otro pecado, o asuntos relacionados con sufrimientos pasados, que has rehusado confiar a otros? ¿Cuáles podrían ser algunas consecuencias de mantener en secreto tu carga personal? ¿Qué te impide confiar esto a una mujer madura que pueda orar por ti y ayudarte a alcanzar la victoria? ¿Estarías dispuesta, en humildad, a ponerte en contacto con una persona piadosa que pueda ofrecerte guía bíblica y una perspectiva que te anime?

2. ¿Qué relación hay entre el temor y nuestra visión de Dios? Piensa en las implicaciones de no confiar en Aquel a quien has confiado tu alma eterna. Acude a Dios en oración, confiesa tu falta de confianza y pídele que te dé su perspectiva de cualquier lucha que estés enfrentando. Pídele la gracia para vencer tus temores.

3. ¿Existe alguna amargura o enojo sin resolver en tu corazón contra alguien que te ofendió o lastimó? ¿Tomarías la decisión, como Karen, de renunciar a esa amargura y de extender la gracia, el perdón y el amor de Dios a esa persona?

Karen logró liberarse del cautiverio de su enojo cuando escribió una carta expresando su amor a su madre. Pregunta al Señor si hay algo que puedas hacer para experimentar la libertad en esta área de tu vida.

Puesta en práctica

1. Escribe una lista de los temores específicos que enfrentas en este momento. Luego, busca pasajes de las Escrituras que refuten cada uno de esos temores. Puede que te tome varios días encontrar los pasajes, pero sigue añadiendo a la lista cada vez que encuentres versículos que se apliquen a un temor en particular.

2. Escoge varios versículos de tu lista para memorizar y aplicar cada vez que aparezcan los "cómplices del miedo".

Para la próxima sesión

1. En el capítulo 7, Joni Eareckson Tada nos desafía con la perspectiva del sufrimiento basada en sus casi cuarenta cinco años de vida como tetrapléjica. Además de leer este capítulo, mira los siguientes pasajes: Zacarías 13:9; 2 Corintios 4:7-18.

2. Lee las primeras cinco declaraciones de compromiso del Manifiesto de la Mujer Verdadera, junto con los pasajes bíblicos que las respaldan.

3. Si tienes un anillo de diamante u otra joya con un diamante, llévalo a la siguiente reunión, junto con un pequeño cepillo de dientes. Pide que una de las mujeres del grupo traiga algún producto para la limpieza de joyas o un detergente suave. (Eviten las sustancias químicas fuertes como detergente para ropa o gel de ducha).

CAPÍTULO 7: **Las joyas de Dios (Joni Eareckson Tada)**

Para empezar

¿Trajiste una joya con un diamante? Pide a una participante que vierta un poco de producto limpiador en uno o varios tazones con agua. Pide a las participantes que pongan sus joyas allí y que las dejen en remojo.

Lean juntas las siguientes afirmaciones del Manifiesto de la Mujer Verdadera:

> *Glorificamos a Dios y experimentamos Sus bendiciones cuando aceptamos y gozosamente abrazamos Su diseño, funciones y orden para nuestras vidas.*
>
> *El sufrimiento es una realidad inevitable en un mundo caído. En ocasiones seremos llamadas a sufrir por hacer lo correcto, mirando la recompensa celestial antes que los deleites terrenales, por el bien del evangelio y el avance del reino de Cristo.*

Todas hemos experimentado diferentes grados de dificultad y es posible que hayamos soportado períodos de verdadero sufrimiento. El capítulo de Joni nos desafía a aceptar el sufrimiento como un medio que Dios usa para purificar nuestras vidas a fin de que puedan reflejar la gloria de Dios.

Invita a varias participantes a que lean los siguientes pasajes de las Escrituras que cita Joni: Zacarías 13:9; Malaquías 3:16-18; Filipenses 3:10; 1 Pedro 2:21; 4:1; 5:10; 1 Juan 2:5-6.

Ora para que el Señor ministre su gracia a cada mujer en áreas de sus vidas que sean una fuente de sufrimiento, y que Él use sus dificultades para hacerlas semejantes a la imagen de Cristo y para prepararlas como joyas preciosas que brillen para Él.

Ahora pide a las participantes que saquen sus joyas del agua. Cada una puede usar el cepillo para frotar los diamantes y el metal (oro, plata, platino), y quitar las impurezas. Luego pueden enjuagar el diamante con agua tibia. Explícales que este "brillo" renovado puede recordarles la manera en que Dios usa las dificultades y las pruebas para limpiar y pulir sus vidas.

Para el debate

1. ¿Qué reflexiones en este capítulo fueron alentadoras o útiles para ti en lo que respecta al sufrimiento?

2. Según Joni:*"La dificultad es lo que exprime el limón que hay en nuestro interior y revela de qué estamos hechos"*.

   ¿Recuerdas alguna ocasión en la que Dios usó una situación difícil para revelarte un área de pecado que no habías reconocido todavía? ¿Cómo obró Dios en tu vida a través de ese proceso purificador? ¿Qué consejo darías a una mujer que enfrenta una situación similar?

3. Joni contó un ejemplo de cómo usó el Salmo 119:153 durante una noche en la que se despertó con un dolor punzante:

   Decidí armarme de valor y obedecer de manera drástica en lugar de caer en el egoísmo, el miedo y la claustrofobia. Empecé a susurrar la Palabra de Dios a mi corazón angustiado para calmar… mi ansiedad… me sometí a Él y Él me cambió… es cuando obedecemos en las cosas pequeñas, pero importantes, que Dios nos transforma milagrosamente.

   ¿De qué manera has experimentado el poder de la Palabra de Dios que te ayuda a atravesar los momentos difíciles y a transformarte en el proceso? ¿Qué libertad has experimentado como resultado de tu obediencia a Dios, aun en las cosas aparentemente pequeñas?

4. Joni habla del martillo de Dios que nos pule como evidencia de que Él "está comprometido con hacerte bien". ¿Cómo podemos considerar los períodos de sufrimiento como algo "bueno"? Consulta uno o más pasajes que guíen tu pensamiento: Jeremías 32:41; Romanos 5:20; Filipenses 3:10; Hebreos 12:12; 1 Pedro 2:21; 5:10.

5. Jesús dijo: "A todo aquel a quien se haya dado mucho, mucho se le demandará; y al que mucho se le haya confiado, más se le pedirá"

(Lucas 12:48). ¿Cómo podría aplicarse este pasaje a quienes se les han confiado bendiciones? ¿Y sufrimientos?

6. Joni plantea una pregunta inquisitiva: *Si Dios espera que yo, una tetrapléjica, me comprometa de manera activa en mi propia santificación, ¿qué espera Él de ti?* Cuando observas la determinación de Joni para dejar que Dios la santifique por medio de su dolor, ¿cuál crees que podría ser el mensaje del Señor para ti?

7. Uno de los aspectos más complejos del sufrimiento es la tendencia a considerar ese período como una etapa interminable. Ubica el sufrimiento en una "perspectiva eterna" leyendo y comentando Mateo 13:43 y Romanos 8:18.

Reflexión personal

1. ¿De qué modo influyó este capítulo o desafió tu perspectiva acerca del sufrimiento? ¿Puedes decir con franqueza que deseas más ser conforme a la imagen de Cristo, convertirte en un "tesoro que brilla", de lo que anhelas una vida libre de dolor?

2. Joni afirma: *Si realmente quieres ser como Cristo, debes aprender a odiar el pecado… Dios toma una forma de mal, que es mi sufrimiento, y la pone de cabeza para derrotar a un mal mucho peor, mi pecado y mi egocentrismo.*

   La aflicción es un instrumento que Dios usa para ayudarnos a desarrollar odio por el pecado. A la luz de este principio, medita en estos versículos bíblicos: Salmo 119:67, 71, 75, 92. ¿Recuerdas ocasiones en las que Dios haya usado el sufrimiento en tu vida para sacar a la luz tu pecado? ¿Has desarrollado un odio por ese pecado?

3. ¿Estás viviendo en medio de una época de sufrimiento en tu vida? ¿Has luchado con cuestionamientos acerca de la bondad de Dios,

de su propósito con esto, de si esto terminará algún día? ¿Por qué no presentar estas preguntas al Señor y luego escoger confiar en su promesa de hacerte bien (Jeremías 32:41)? ¿Vas a encomendarte a Él como tu fiel Creador, haciendo el bien (1 Pedro 4:19)?

Puesta en práctica

1. Joni mencionó cómo servir en un ministerio de ayuda a los discapacitados y necesitados le ayuda a enfocarse en otros:

   Si quieres incrementar tu capacidad para experimentar gozo, si quieres aumentar tu servicio y tu adoración en el cielo, si quieres multiplicar tus bienes personales, no te concentres en el cincel que obra en tu propia vida. Concéntrate en otros que necesitan ser sacados del polvo y de la suciedad de este mundo.

   ¿A quién puedes servir hoy? Considera cómo puedes ministrar a otros que están más necesitados que tú.

Para la próxima sesión

1. El Salmo 78:1-8 sienta las bases para el capítulo de Fern Nichols sobre el legado que dejamos por medio de la oración. Mientras lees el capítulo, piensa acerca de cómo Dios quiere usar tu vida para bendecir la siguiente generación.

2. Lee las siguientes declaraciones de compromiso (números 6 a 10) del Manifiesto de la Mujer Verdadera, junto con los pasajes bíblicos que las respaldan.

CAPÍTULO 8: **Un legado perdurable en la oración (Fern Nichols)**

Para empezar

Invita a cada participante a que comente cómo las oraciones de alguien han jugado un papel determinante en su caminar espiritual.

Fern lanza un desafío a las mujeres para que "dejen un legado de oración". Aunque este capítulo subraya la responsabilidad de las madres de interceder por sus hijos, se trata de un llamado para todas las mujeres, no solo las que son madres.

Lean juntas en voz alta las siguientes declaraciones del Manifiesto de la Mujer Verdadera:

> *Las mujeres cristianas maduras tienen la responsabilidad de dejar un legado de fe, discipulando a las más jóvenes en la Palabra y en los caminos de Dios y modelando para la siguiente generación vidas de feminidad fructífera.*
>
> *Cultivaremos nuestra comunión e intimidad con Dios a través de la oración: en alabanza, acción de gracias, confesión, intercesión y súplica.*
>
> *Oraremos por un movimiento de avivamiento y reforma en el pueblo de Dios que redunde en el avance del reino y del evangelio de Cristo entre todas las naciones.*

Invita a algunas participantes a que lean los siguientes pasajes: Jeremías 33:3; Juan 15:7; 16:24; Santiago 4:2; 5:16; 1 Juan 5:14-15. Después de la lectura bíblica, abre un tiempo de oración. Dé gracias a Dios por el privilegio de comunicarte con Él por medio de la oración. Pídele que aumente tu deseo de orar y que amplíe tu visión para pasar el bastón de la fe a la siguiente generación.

Para el debate

1. ¿Alguna vez te ha inspirado una mujer que ha sido fiel en la oración? En caso afirmativo, ¿qué has aprendido de su ejemplo? ¿Cómo ha influido esto en tu visión de la intercesión?

2. Piensa cómo responderías la pregunta de Fern: "¿Qué quieres que tus hijos y amigos recuerden de ti cuando hayas partido con Jesús?".

3. ¿Qué estrategias recomienda Fern para contrarrestar la tendencia de ser inconstante en la oración? ¿Qué prácticas te han ayudado en tu vida de oración?

4. Comenta la importancia y los beneficios de la "oración unida".

5. Fern habla acerca de oraciones de alabanza, de confesión, de acción de gracias y de intercesión. ¿Qué tan equilibrada es tu vida de oración en estas cuatro áreas? ¿En cuáles necesitas crecer?

6. Fern habla acerca de usar un diario de oración. Invita a quienes hayan usado esta herramienta a contar los beneficios que les ha reportado esta práctica.

7. ¿Por qué es importante usar las Escrituras en tu tiempo de oración? Comenta algunas maneras en las que puedes poner esto en práctica.

8. Pide a las participantes que animen las unas a las otras contando algunos testimonios breves de oraciones que han sido contestadas.

9. ¿Qué crees que quiso decir E. M. Bounds con esta afirmación?

   Las oraciones perduran más allá de las vidas de quienes las elevaron; sobreviven a una generación, sobreviven a una era y sobreviven a un mundo.

   ¿Se te ocurre una ilustración de este principio en las Escrituras, en la historia o en tu propia experiencia? Si realmente creyeras lo que expresa esta declaración, ¿cómo podría cambiar tu vida de oración? ¿Cómo podría este concepto animar a alguien que lucha con la decepción a causa de oraciones que (al parecer) no reciben respuesta?

10. Pide a las participantes que comenten varias estrategias de oración que hayan sido eficaces para ellas.

11. Concluye la sesión de hoy dedicando tiempo adicional en oración. Puedes dividir el grupo en parejas, tríos o grupos pequeños. Pide a las participantes que centren sus oraciones en la siguiente generación, ya sean sus propios hijos, hijas, nietos u otros.

Reflexión personal

1. ¿Qué lugar ocupa la oración en tu lista de prioridades diarias? Mientras leías este capítulo, ¿reveló Dios a tu corazón alguna necesidad tuya de crecer o cambiar en tu vida de oración?

2. Si el legado espiritual que dejas a aquellos que quedan después de tu partida y a las generaciones futuras estuviera definido por la fidelidad, la frecuencia y el fervor de tus oraciones, ¿cómo crees que sería ese legado tuyo?

Puesta en práctica

1. ¿Te ha desafiado este capítulo a volverte más consciente en tu propósito de orar? ¿Cuáles son algunos pasos que puedes dar para desarrollar una vida de oración más eficaz? Si nunca has tenido un diario de oración, piensa en la posibilidad de usar uno el mes siguiente.

2. Si la oración ha sido para ti una lucha, usa una Biblia temática o una concordancia para estudiar acerca del tema. También puedes leer un buen libro sobre la oración, o una biografía acerca de alguien como George Mueller, quien era conocido por su fe y su vida de oración.

3. Si no tienes una amiga o un grupo de mujeres con quienes puedas orar con frecuencia, pregunta al Señor si Él quisiera que tú invitaras a otras a acompañarte en tiempos consagrados a la oración por necesidades espirituales de tu familia, tu comunidad, tu iglesia o nación.

Para la próxima sesión

1. Lee el capítulo 9, "Un llamado a la revolución contracultural" (pp. 155-165), así como las últimas declaraciones de la sección de propósitos del Manifiesto de la Mujer Verdadera (números 11 al 15), junto con los pasajes bíblicos que las respaldan.

2. La sesión de la próxima semana incluye una invitación a firmar el Manifiesto de la Mujer Verdadera. Esta es una oportunidad para expresar tu compromiso con los principios que has estudiado y tu deseo de ser parte de una revolución espiritual contracultural por parte de las mujeres cristianas. A manera de repaso y preparación, dedica tiempo a leer todo el Manifiesto de la Mujer Verdadera (pp. 167-171).

3. Si tienes tiempo, lee el escrito de Mary Kassian, titulado "La necesidad de un credo" (Apéndice A).

CAPÍTULO 9: **Un llamado a la revolución contracultural (Nancy DeMoss Wolgemuth)**

Para empezar

Pide a las participantes que comenten la manera en que Dios ha usado este estudio en su vida. ¿Qué capítulos o reflexiones han resultado ser particularmente útiles y desafiantes? ¿Qué han aprendido (o recordado) acerca de los caminos de Dios y el llamado de Dios para sus vidas, como mujeres cristianas? Pregúntales qué cambios han llevado a cabo como resultado de lo que Él les ha revelado.

Pide a las participantes que piensen en algunas maneras en las que pueden seguir brindándose las unas a las otras aliento, oración, apoyo y amistad más allá de este estudio.

Para el debate

1. Presenta un ejemplo de un documento o acuerdo importante que hayas firmado en el pasado (por ejemplo, un registro de matrimonio).

¿Qué significó y qué implicaciones tuvo en tu vida el hecho de firmar ese documento?

2. El capítulo 9 usa la ilustración de la orden de un comandante de la marina de "clavar los colores al mástil". Explica el significado de ese mandato y comenta su relevancia actual para nuestras vidas como mujeres que desean ser "mujeres verdaderas" de Dios.

3. ¿De qué manera el Manifiesto de la Mujer Verdadera representa la idea de "clavar los colores al mástil"?

4. ¿Qué podría suceder en nuestros hogares, iglesias, comunidades y alrededor del mundo si miles de mujeres a todo lo largo y ancho de este país y del mundo empezaran a vivir conforme al mensaje y a los ideales de este manifiesto?

5. ¿Quieres ser parte de una revolución contracultural y espiritual de mujeres cristianas en nuestros días? ¿Quieres unirte a otras mujeres que viven y transmiten el mensaje presentado en este libro y resumido en el manifiesto?

   Si tu respuesta es afirmativa, te invito a expresar tu deseo firmando el Manifiesto de la Mujer Verdadera.

   Al respaldar este documento no estás apoyando tus propios ideales de la feminidad ni asegurando una cómoda agenda centrada en ti misma. Estás acordando y apoyando el modelo de feminidad que se vive para la gloria de Dios, tal como fue delineada en las Escrituras.

   Al firmar este documento dices: "Sí, Señor. Quiero ser una verdadera mujer de Dios. Acepto tu plan, tu diseño y tu llamado para mi vida. Por el poder de tu Espíritu, quiero que mi vida refleje la hermosura y la maravilla de tus caminos, quiero exaltar a Cristo y embellecer su evangelio".

Clava los colores al mástil

1. Ora y pide al Señor para que los momentos que siguen sean un tiempo sagrado en el que las participantes hagan un compromiso personal y colectivo de fe, consagración y propósito de oración.

2. Lee el Manifiesto de la Mujer Verdadera. En función del tamaño del grupo, invita a una o más participantes a que lean en voz alta las declaraciones de las tres secciones que incluyen lo que creemos, las declaraciones y los propósitos.

   Si las quince declaraciones de la tercera sección reflejan el compromiso de su corazón, pueden expresar su acuerdo diciendo simplemente: "Sí, Señor" al final de cada declaración.

3. Firma el manifiesto como una manera de expresar que lo aceptas en tu corazón. Esto puede hacerse de varias formas:

   - Firma en línea en https://www.avivanuestroscorazones.com/articles/el-manifiesto-de-la-mujer-verdadera/.
   - Invita a todas las mujeres de tu grupo a firmar una copia ampliada del manifiesto que puedes descargar en PDF en https://www.avivanuestroscorazones.com/articles/el-manifiesto-de-la-mujer-verdadera/. Puede ser que el ministerio de mujeres de tu iglesia quiera extender la invitación de firmar el documento a todas las mujeres de la congregación y luego enmarcarlo para exhibirlo en el edificio de la iglesia.

   Al firmar este documento afirmas lo siguiente:

   Deseo ser parte de una revolución espiritual contracultural de mujeres cristianas. He leído y acepto personalmente el Manifiesto de la Mujer Verdadera, y quiero unirme a otras mujeres en el propósito de vivir y transmitir su mensaje.

4. Pide a las participantes que intercambien ideas acerca de cómo pueden comunicar este mensaje a otras mujeres en los días que vienen.

5. Concluye la reunión con un tiempo de oración.

   - Dé gracias al Señor por el privilegio de vivir como una mujer redimida y por ser llamada a servirle "para esta hora".
   - Pide a Dios su gracia y el poder de su Espíritu para vivir como una mujer verdadera en cada esfera y etapa de la vida.
   - Ora por un movimiento de avivamiento y reforma en los corazones de las mujeres en todas partes, para que recuperen el terreno perdido a manos del enemigo. Pide a Dios que despierte en miles de mujeres una pasión por cumplir su propósito y llamado para sus vidas.
   - Ora pidiendo que, como fruto de este movimiento, Cristo sea exaltado y la gloria y el poder redentor del amor de Dios sean manifiestos en toda la tierra.

APÉNDICE A

La necesidad de un credo

Reflexiones sobre credos, confesiones y manifiestos

Mary Kassian

Todas las personas tienen un credo. Aun las que dicen que no creen en credos tienen uno. Su credo es: "¡Yo no creo en credos!". ¿Qué es exactamente un credo? Es simplemente una declaración de lo que se cree. "Credo" es una palabra que viene del latín que significa "creer". Por ende, si tienes la capacidad de creer en algo, tienes un credo, aun cuando no sea expresado como tal.

A lo largo de la historia, los individuos y los grupos han puesto por escrito sus credos. Se les ha llamado de diversas maneras: declaraciones, resoluciones, proclamas, declaraciones de fe, declaraciones de misión, declaraciones doctrinales, confesiones (del latín *confessus*, que significa reconocer) o manifiestos (del latín *manifestus*, que significa manifiesto, claro, evidente). Todos son, en esencia, credos. Los credos escritos han jugado un papel histórico vital e innegable ya sea en la filosofía, en la política, en la cultura y, de igual forma, en la iglesia.

Los Estados Unidos de América fueron fundados sobre un credo que se conoce como la Declaración de Independencia: "Sostenemos que estas verdades son evidentes en sí mismas: que todos los hombres son creados iguales; que son dotados por su Creador de ciertos derechos inalienables;

que entre estos están la vida, la libertad y la búsqueda de la felicidad...". La aristocracia francesa fue derrocada como resultado de la Declaración de los Derechos del Hombre y del Ciudadano, un credo que fue publicado durante la Revolución francesa. Karl Marx y Friedrich Engels redactaron un credo que cambió el panorama político por generaciones: el Manifiesto Comunista. El Manifiesto Humanista I, un credo de quince puntos escrito en 1933, fue publicado con treinta y cuatro firmantes. Este condujo al Manifiesto Humanista II de 1973, entre cuyas líneas tan citadas encontramos: "Ninguna deidad va a salvarnos, debemos salvarnos a nosotros mismos", y "Somos responsables de lo que somos y de lo que seremos". El Manifiesto Humanista II se publicó inicialmente con un número reducido de firmantes, pero más adelante obtuvo miles de firmas adicionales. Con el paso del tiempo, sus postulados han sido asimilados en masa para convertirse en la cosmovisión predominante de nuestro tiempo.

Así como los credos políticos y filosóficos han influido profundamente en el curso de la historia secular, los credos cristianos han afectado profundamente la historia de la iglesia. Es importante notar que, a diferencia de los credos seculares, los credos de la iglesia cristiana son declaraciones de fe que buscan reflejar y sintetizar con precisión los que enseñan las Escrituras. No se consideran complementos ni reemplazos de las Escrituras. Antes bien, son documentos que se sopesan y redactan cuidadosamente y que constituyen una respuesta a varios asuntos, herejías y situaciones históricas que han puesto en tela de juicio la iglesia y la sana doctrina a lo largo de los siglos. En general, ponen de relieve y refutan aquellos errores que los compiladores del credo consideran más peligrosos para la sana doctrina en un momento particular de la historia.

El Credo de los Apóstoles, que fue redactado en el primer o segundo siglo, subrayó la humanidad plena de Jesús. Esta fue una respuesta al movimiento gnóstico de la época que enseñaba que el mundo físico era malo y que Cristo no había asumido la naturaleza humana. El Credo Niceno, escrito en el siglo IV, afirmó de manera enfática la deidad de Cristo. Estaba dirigido contra los arrianos, un grupo en la iglesia que sugería que Cristo no era plenamente Dios. Las noventa y cinco tesis de Martín Lutero fueron un credo que combatía la práctica de las indulgencias. Se convirtió en el catalizador principal de la Reforma protestante en el siglo XVI. Las noventa y cinco tesis precedieron otros credos como la Confesión de Augsburgo, el Catecismo de Heidelberg, los Cánones del Sínodo de Dort y, más tarde, la Confesión Bautista de Londres y la Confesión de Fe de Westminster. La Declaración de Chicago sobre la Inerrancia Bíblica, un credo que fue firmado en 1978 por cientos de líderes eruditos bíblicos, fue formulado como una defensa contra la tendencia hacia conceptos liberales y neo-ortodoxos de las Escrituras.

La historia demuestra que los credos son de una importancia vital. Son documentos que desafían a las personas a cambiar, a rebatir o a corregir la corriente actual de pensamiento o, cuando menos, a reconsiderarla. Los credos esclarecen las creencias. Los credos fijan un rumbo. Los credos generan movimientos. Los credos son como señales de ruta en una intersección. Exigen de parte de los viajeros una elección y un compromiso con una ruta o la otra. En última instancia, esta elección determina si el viajero y quienes lo siguen llegarán a un destino, o a otro muy lejos de allí.

Desde su divulgación en Chicago, el 11 de octubre de 2008, miles de mujeres cristianas de varios países han firmado el Manifiesto de la Mujer Verdadera, un credo que sintetiza lo que las firmantes creen que la Biblia enseña acerca de lo que significa ser una mujer creada a imagen de Dios que vive para la gloria de Dios. Dados los efectos del movimiento feminista, el ataque cultural contra el género y la sexualidad, y la deconstrucción sin precedentes de la estructura del matrimonio y la familia, creo que se justifica una respuesta cuidadosamente pensada y formulada a esta situación histórica. La presión que experimenta la iglesia para acomodarse a la visión de la cultura acerca de la masculinidad y la feminidad es enorme. Las enseñanzas de la Biblia sobre el género y la sexualidad se han vuelto extremadamente contraculturales. Sin embargo, en Cristo y por medio de Cristo, siguen siendo nuestra única esperanza para descubrir nuestra verdadera identidad y propósito, para experimentar sanidad y restauración, y para vivir de una manera digna de quienes son creados a imagen de Dios y para la gloria de Dios.

El Manifiesto de la Mujer Verdadera no pretende ser una declaración exhaustiva de fe, un catálogo de elementos esenciales para la salvación, una guía infalible para cada aspecto de la vida, ni un documento que añada algo a las Escrituras o las reemplace. Como cualquier credo, quienes lo proponen y quienes se oponen a él podrían debatir sin descanso la selección de palabras, de orden y de énfasis. Pero hacerlo es pasar por alto lo importante. El Manifiesto de la Mujer Verdadera es nada más una señal en la ruta, la cual resalta algunos puntos principales acerca de lo que creemos que la Biblia dice a las mujeres. Declara nuestra convicción de que, aun si sus enseñanzas no gozan de gran acogida en estos tiempos y en esta era, la Biblia provee la mejor instrucción (y absolutamente fidedigna) en lo que respecta a lo que creemos y a cómo debemos vivir como mujeres.

En nuestros días, muchas mujeres viven sin saberlo conforme a los credos que han sido establecidos por el movimiento femenino secular. Te reto a que consideres respaldar un credo diferente. El Manifiesto de la Mujer Verdadera es importante. Es histórico. Y *te* invito a firmarlo con tu nombre para que seas parte de esta revolución contracultural.

Este escrito apareció originalmente en inglés en el blog de True Woman el 4 de febrero de 2009. http://www.truewoman.com/?id=564 y se puede encontrar una versión en español en https://www.avivanuestroscorazones.com/mujer-verdadera/blog/la-necesidad-de-un-credo-reflexiones-sobre-credos-/.

APÉNDICE B

Una oración por las **mujeres**

Pastor John Piper

Mi desafío más serio y oración por ti es…

…que toda tu vida, sin importar cuál sea el llamado que tengas, esté consagrada a la gloria de Dios.

…que puedas confiar tan plenamente en las promesas de Cristo que la paz, el gozo y la fortaleza llenen tu alma hasta rebosar.

…que esta plenitud de Dios se manifieste en gestos cotidianos de amor, de tal modo que las personas puedan ver tus buenas obras y glorificar a tu Padre celestial.

…que seas una mujer de la Palabra que ama, estudia y obedece la Biblia en cada área de su enseñanza; que la meditación en la verdad bíblica sea una fuente de esperanza y de fe; que continúes creciendo en entendimiento en todos y cada uno de los capítulos de tu vida, sin pensar nunca que el estudio y el crecimiento están reservados para otros.

…que seas una mujer de oración, de modo que la Palabra de Dios sea revelada a ti y que el poder de la fe y la santidad descienda sobre ti; que tu influencia espiritual aumente en el hogar, en la iglesia y en el mundo.

…que seas una mujer con una profunda comprensión de la gracia soberana de Dios que sostiene todos estos procesos espirituales; y que seas una celosa pensadora de las doctrinas de la gracia, y amante aún más celosa de estas cosas.

...que te consagres por completo al ministerio, sea cual sea tu llamado específico; que no malgastes tu tiempo en novelas, revistas de mujeres, pasatiempos inútiles ni compras sin importancia, sino que puedas redimir el tiempo para Cristo y para su reino.

...que, si eres soltera, aproveches tu soltería al máximo en devoción a Dios (como lo hicieron Jesús, Pablo, Mary Slessor y Amy Carmichael), y no te dejes paralizar por el deseo de casarte.

...que, si estás casada, apoyes de manera creativa, inteligente y sincera el liderazgo de tu esposo tanto como lo permita tu obediencia a Cristo; que lo animes en el papel que Dios le ha asignado como cabeza; que lo influencies espiritualmente y ante todo por medio de una tranquilidad libre de temor, la santidad y la oración.

...que, si tienes hijos, aceptes la responsabilidad junto con tu esposo (o sola, si es el caso), de criar a los hijos en la disciplina y en la instrucción del Señor, hijos que tengan su esperanza en la victoria de Dios, y que compartas con tu esposo la tarea de enseñarles y disciplinarlos, de brindarles la atención especial que necesitan y que ansían recibir de ti, así como ese toque especial de ternura y cuidado que solo una madre es capaz de dar.

...que no des por hecho que el empleo secular es un desafío mayor ni un uso más provechoso de tu vida que las incontables oportunidades de servicio y testimonio que existen en el hogar, el vecindario, la comunidad, la iglesia y el mundo; que no solo te plantees la pregunta ¿una profesión o ama de casa de tiempo completo? sino que te preguntes con la misma seriedad ¿una profesión de tiempo completo o la libertad para el ministerio? Que te preguntes: "¿Qué sería mejor para el reino de Dios: trabajar para alguien que me diga qué hacer para que su negocio prospere, o ser agente libre de Dios que sueño mi propio sueño acerca de cómo mi tiempo, mi hogar y mi creatividad podrían hacer prosperar la obra de Dios?". Y que, en todo esto, tomes tus decisiones no conforme a las tendencias seculares ni a las expectativas de crecimiento personal, sino conforme a lo que fortalezca la fe de la familia y avance la causa de Cristo.

...que evalúes (con tu esposo, si estás casada) y planees, por capítulos, las diversas formas de ministerio en tu vida. Los capítulos se dividen en: edad, fortaleza, soltería, matrimonio, empleo, hijos en casa, hijos en la universidad, nietos, jubilación, etc. Ningún capítulo tiene todas las alegrías. La vida finita es una serie de sacrificios para conseguir un objetivo. Encontrar la voluntad de Dios y vivir al máximo para la gloria de Cristo en cada capítulo es lo que lo hace exitoso, no el hecho de que se lea como el capítulo de otra persona o si contiene lo que solo otro capítulo traerá.

...que desarrolles una mentalidad y un estilo de vida como en los tiempos de guerra; que nunca olvides que la vida es corta, que todos los días billones de personas se debaten entre el cielo y el infierno, que el amor al dinero es un suicidio espiritual, que las metas de ascenso social (ropa, autos, casas, vacaciones, comida y pasatiempos cada vez mejores) son un reemplazo deficiente y peligroso de las metas de vivir para Cristo con todas tus fuerzas y de maximizar tu gozo en el ministerio para suplir las necesidades de otros.

...que en todas tus relaciones con los hombres (no solo en el matrimonio) busques la guía del Espíritu Santo, aplicando la visión bíblica de la masculinidad y la feminidad; que desarrolles un estilo de vida y una conducta que den fe del papel único que Dios ha asignado al hombre de sentirse responsable de brindar un liderazgo amable en relación con las mujeres, un liderazgo que incluye elementos de protección y provisión, y un patrón de iniciativa; que pienses de manera creativa y con sensibilidad cultural (así como debe hacer el hombre por su parte) a la hora de decidir el estilo, el contexto y el tono de tu interacción con los hombres.

...que consideres las pautas bíblicas de lo que es apropiado e inapropiado para los hombres y las mujeres no como limitaciones arbitrarias de la libertad, sino como fórmulas sabias y amorosas acerca de cómo descubrir la libertad verdadera del ideal de Dios para la complementariedad; que no midas tu capacidad por los pocos roles que son negados, sino por el sinnúmero de roles que son ofrecidos; que mires al amoroso Dios de las Escrituras y sueñes con las posibilidades de tu servicio a Él.

Agradecimientos

Una de las grandes dichas de mi vida es el privilegio de servir junto a hombres y mujeres que aman a Cristo y comparten mi carga de ver moverse el Espíritu en los corazones de su pueblo. Mi carga se aligera y me infundo de valor y de gracia para seguir adelante en la batalla gracias a la amistad, las oraciones y el compañerismo de estos consiervos. Sus esfuerzos desinteresados y sacrificados pasan desapercibidos para la mayoría y reciben mucho menos reconocimiento o recompensa de lo que merecen. Pero Dios ve y Él dará la recompensa en aquel día.

Estoy especialmente agradecida con aquellas personas cuya labor me ha ayudado a hacer este libro posible, entre ellas:

- Una vez más, nuestros amigos de *Moody Publishers* han demostrado su compromiso de publicar contenidos de calidad y solidez bíblica que exaltan a Cristo y transforman vidas. Su apoyo constante y su colaboración con nuestro ministerio están produciendo "mucho fruto" para su gloria.
- *Lawrence Kimbrough* fue el encargado de la primera fase de edición de los mensajes de True Woman 2008. Su destreza y calidez han impulsado en gran manera la misión de Revive Our Hearts.
- *Mike Neises*, anterior director de publicaciones y eventos de Revive Our Hearts, estuvo presente en cada etapa guiando, supervisando y coordinando miles de detalles. Él es un siervo fiel y humilde *por excelencia.*
- *Kimberly Wagner*, mi querida amiga y colaboradora fiel del blog True Woman (y del blog Mujer Verdadera en español), escribió el primer borrador de la guía de estudio. Su gran pasión es ver la gloria de Dios desplegada en las vidas de las mujeres cristianas.

- Mis colaboradores del equipo de *Revive Our Hearts* entregan de sí en un sinnúmero de maneras diferentes para promover el llamado a las mujeres a la libertad, la plenitud y la fructificación en Cristo. Cada empeño que lleva mi nombre, incluso este libro, se fortalece y amplía gracias a sus esfuerzos fieles en múltiples frentes. Agradezco especialmente a *Monica Vaught* que sirvió como coordinadora de las conferencias de True Woman (Mujer Verdadera). Nadie ha llevado con más ahínco que ella, la carga y el estandarte del movimiento de Mujer Verdadera.

Esta Biblia ayudará a que las mujeres se conecten con la Palabra de Dios y la hagan parte integral de sus vidas, a través de las siguientes ayudas, entre otras:

- 66 introducciones a los libros de la Biblia escritas por el pastor Sugel Michelén.
- Amplios márgenes que facilitan la toma de notas y donde se pueden plasmar pensamientos y oraciones, o dibujar los versículos favoritos.
- Artículos transformacionales enfocados en la feminidad bíblica.
- 365 lecturas devocionales escritas para la mujer de hoy.

En este libro, Nancy y Dannah exponen 25 de las mentiras más comúnmente creídas por la generación joven. Comparten historias de la vida real de algunas de las mujeres jóvenes que entrevistaron, junto con historias honestas sobre cómo han vencido las mentiras que ellas mismas creían.

Desde su primer lanzamiento en 2001, *Mentiras que las mujeres creen* ha vendido más de un millón de ejemplares, y ha sido traducido a veintiséis idiomas. Miles de cartas y correos electrónicos dan fe de la transformación profunda y duradera que este libro ha producido en la vida de las mujeres alrededor del mundo.

En esta edición actualizada y aumentada, Nancy DeMoss Wolgemuth comunica este mensaje liberador a una nueva generación. *Mentiras que las mujeres creen* presenta cuarenta y cinco mentiras que las mujeres cristianas creen con mayor frecuencia; mentiras acerca de Dios, ellas mismas, las prioridades, las emociones, el matrimonio y la maternidad, entre otras. El libro ofrece el único medio para confrontar, contrarrestar y vencer el engaño: la verdad de Dios

EDITORIAL
PORTAVOZ

NUESTRA VISIÓN

Maximizar el efecto de recursos cristianos de calidad que transforman vidas.

NUESTRA MISIÓN

Desarrollar y distribuir productos de calidad —con integridad y excelencia—, desde una perspectiva bíblica y confiable, que animen a las personas a conocer y servir a Jesucristo.

NUESTROS VALORES

Nuestros valores se encuentran fundamentados en la Biblia, fuente de toda verdad para hoy y para siempre. Nosotros ponemos en práctica estas verdades bíblicas como fundamento para las decisiones, normas y productos de nuestra compañía.

Valoramos la excelencia y la calidad.
Valoramos la integridad y la confianza.
Valoramos el mérito y la dignidad de los individuos y las relaciones.
Valoramos el servicio.
Valoramos la administración de los recursos.